AHLAN WA SAHLAN

Eine Einführung in die Kairoer Umgangssprache

Schlüssel zu den Übungen

Wörterverzeichnis

von

MANFRED WOIDICH

AHLAN WA SAHLAN

Eine Einführung in die Kairoer Umgangssprache
Schlüssel zu den Übungen
Wörterverzeichnis
von

MANFRED WOIDICH

2. Auflage

WIESBADEN 2010

DR. LUDWIG REICHERT VERLAG

Die Deutsche Bibliothek – CIP-Einheitsaufnahme

Woidich, Manfred:
Ahlan wa-sahlan : eine Einführung in die Kairoer Umgangssprache ; Schlüssel zu den Übungen ; Wörterverzeichnis / von Manfred Woidich. – Wiesbaden : Reichert, 1991
ISBN 978-3-88226-517-0

Gesamtherstellung: Memminger MedienCentrum AG, Memmingen
Printed in Germany

INHALTSVERZEICHNIS

VORWORT

Der Schlüssel zum Lehrbuch AHLAN WA SAHLAN soll in erster Linie denjenigen helfen, die versuchen, das Kairenische im Selbststudium zu erlernen. Er dürfte aber auch vielen Kursteilnehmern willkommen sein, zumal ein arabisch-deutsches Wörterverzeichnis beigegeben werden konnte. Auch wurde von dieser Gelegenheit Gebrauch gemacht, um eine Liste von Tippfehlern und Versehen hinzuzufügen, die im Lehrbuch stehengeblieben waren. Manchen Hinweis auf diese verdanke ich meinen Studenten in Amsterdam, sowie auch Herrn Dr. Erich Prokosch/Istanbul. Mit Frl. Jane Emile und Herrn Hashem Swefi, beide aus Kairo, konnte ich die Lösungen zu den Übungen nochmals durchsprechen, was zu manchen Korrekturen führte. Ihnen allen gilt mein herzlicher Dank. Was an Mängeln übersehen wurde, sollte jedoch allein dem Autor angelastet werden.

Abkürzungen und Hilfszeichen sind die gleichen wie im Lehrbuch oder allgemein üblich. Im Schlüssel zu den Übungen stehen runde Klammern bei freien Varianten, z. B. *maɛā(h)* = *maɛā* oder *maɛāh*. Eckige Klammern dagegen geben andere Lösungsmöglichkeiten an, z. B. *ɛašānak [ɛašānik]*, d. h. m. oder f. je nach Gesprächspartner. Im Wörterverzeichnis zeigt das Gleichheitszeichen = die Variationsmöglichkeit an, z. B. *ga* = *gih*. Die Tilde ~ bezieht sich dort auf das vorangehende Stichwort, z.B. *ašiɛɛa, yiɛmil li w* ~ 'jem. röntgen'. Die Wörter sind nach dem lateinischen Alphabet angeordnet, wobei die mit einem Punkt, Strich oder Häkchen versehenen Buchstaben auf den Grundbuchstaben folgen und *ɛ* und *ḥ* das Alphabet abschließen. Hamza folgt auf *a*, bez. *ā* :

a	*ā*	ʾ	*b*	*d*	*ḍ*	*e*	*ē*	*f*	*g*
ġ	*h*	*i*	*ī*	*k*	*l*	*m*	*n*	*o*	*ō*
q	*r*	*ṛ*	*s*	*ṣ*	*š*	*t*	*ṭ*	*u*	*ū*
v	*w*	*x*	*y*	*z*	*ẓ*	*ž*	*ɛ*	*ḥ*	

Diemen, im März 1991

Manfred Woidich

SCHLÜSSEL ZU DEN ÜBUNGEN

Übungen I

I. *bintak, ibnak, giddak, ¿ammak, ummak, uxtak*
bintu, ibnu, giddu, ¿ammu, ummu, uxtu
bintaha, ibnaha, giddaha, ¿ammaha, ummaha, uxtaha
bintik, ibnik, giddik, ¿ammik, ummik, uxtik
binti, ibni, giddi, ¿ammi, ummi, uxti

II. *binti, bintak, bintik, bintu, bintaha*
ibni, ibnak, ibnik, ibnu, ibnaha
giddi, giddak, giddik, giddu, giddaha
¿ammi, ¿ammak, ¿ammik, ¿ammu, ¿ammaha
ummi, ummak, ummik, ummu, ummaha
uxti, uxtak, uxtik, uxtu, uxtaha

III. 1. *lā, da miš giddi.* 2. *aywa, di ummu.* 3. *lā, di miš uxtaha.* 4. *aywa, di binti.* 5. *lā, da miš ibnaha.* 6. *aywa, di ummak [ummik].*

IV. 1. *di miš uxti, di uxtak inta!* 2. *da miš ibni, da ibnak inta!* 3. *da miš ¿ammi, da ¿ammak inta!* 4. *di miš ummi, di ummak inta!* 5. *da miš giddi, da giddak inta!* 6. *da miš ismi, da ismak inta!*

V. 1. *bintaha* 2. *ummaha* 3. *ibnaha* 4. *sittaha*

VI. *ibnak, ¿ammak, ummik, uxtak, giddak, bintik, ibnik, sittak*

VII. *¿ammu, bintaha, ummu, ibnaha, ¿ammu, uxtaha, ¿ammi*

Übungen II

I. *giddak, ummak, uxtak, ibnak, ¿ammak, bintak*
giddu, ummu, uxtu, ibnu, ¿ammu, bintu
giddaha, ummaha, uxtaha, ibnaha, ¿ammaha, bintaha
giddik, ummik, uxtik, ibnik, ¿ammik, bintik
giddi, ummi, uxti, ibni, ¿ammi, binti

II. 1. *di miš ummina, di ummuhum.* 2. *da miš ibnina, da ibnuhum.* 3. *da miš giddi, da gidduhum.* 4. *di miš uxtina, di uxtuhum.* 5. *da miš ismina, da ismuhum.* 6. *da miš ¿ammina, da ¿ammuhum.*

III. 1. *di miš uxtina, di bintina.* 2. *di miš ummina, di uxtina.* 3. *da miš ¿ammina, da giddina.* 4. *di miš ummina, di sittina.* 5. *di miš bintina, di uxtina.*

IV. 1. *nimsawiyya* 2. *faransawiyya* 3. *ṭalyāni [iṭāli]* 4. *amrikiyya* 5. *ingilīzi* 6. *hulandiyya* 7. *maṣri* 8. *yunaniyya*

V. 1. *maṣriyyīn* 2. *lubnaniyyīn* 3. *ṭalayna* 4. *suriyyīn* 5. *faransawiyyīn* 6. *amrikān* 7. *ingilīz* 8. *almān* 9. *rūs*

VI. 1. *yunaniyya* 2. *almaniyya* 3. *amrikiyya* 4. *nimsāwi* 5. *sūri* 6. *faransāwi* 7. *mudarrisa* 8. *ṭālib* 9. *mudarrisa*

VII. 1. *hulandi* 2. *faransāwi* 3. *yunāni* 4. *ingilīzi* 5. *ṭalyāni* 6. *almāni* 7. *almāni [faransāwi, ṭalyāni]*

VIII. 1. *iḥna almān.* 2. *humma‿kwayyisīn fi‿lɛaṛabi.* 3. *intu maṣriyyīn?* 4. *dōl faransawiyyīn.* 5. *humma muhandisīn.* 6. *iḥna amrikān.* 7. *intu ṭalibāt?* 8. *humma miš mawgudīn.* 9. *iḥna lubnaniyyīn.* 10. *dōl nimsawiyyīn.*

IX. 1. *maṣriyyīn* 2. *kuwayyisīn* 3. *almān* 4. *miš agānib* 5. *mudarrisīn* 6. *ṭalibāt* 7. *mudarrisīn* 8. *mawgudīn* 9. *ingilīz* 10. *hulandiyyīn*

X. 1. *ana lubnāni, miš maṣri!* 2. *uxti muhandisa, miš mudarrisa!* 3. *humma almān, miš swisriyyīn!* 4. *da rūsi, miš hulandi!* 5. *ummina lubnaniyya, miš maṣriyya!* 6. *dōl ṭalaba, miš mudarrisīn!* 7. *John wi Jane amrikān, miš faransawiyyīn!* 8. *Mary wi Jane mudarrisāt, miš muhandisāt!*

Übungen III

I. *waṛākum, axūkum, bintukum, ḅaḅākum, abūkum*
waṛā, axū, bintu, ḅaḅā, abū
waṛāki, axūki, bintik, ḅaḅāki, abūki
waṛāna, axūna, bintina, ḅaḅāna, abūna
waṛāya, axūya, binti, ḅaḅāya, abūya
waṛāhum, axūhum, bintuhum, ḅaḅāhum, abūhum

II. *axūha, bintaha, axūya, giddu, axūki, ɛammaha, ḅaḅāya, ḅaḅāki*

III. 1. *ahó!* 2. *ahé!* 3. *ahó!* 4. *ahúm!* 5. *ahé!* 6. *ahúm!* 7. *ahé [ahó]!* 8. *ahé!* 9. *ahó!* 10. *ahúm [ahé]!*

IV. 1. *ana taɛbān [taɛbāna] šuwayya.* 2. *da miš kitīr ʾawi.* 3. *da aḥsan bi-ktīr.* 4. *dōl kuwayyisīn ʾawi.* 5. *inti taɛbāna‿šwayya.* 6. *di sahla ʾawi.* 7. *hiyya ɛayyāna giddan.* 8. *humma lissa fi‿ssinima.*

V. 1. *ilbintᵎ di ismaha ʾē? [di‿smaha ʾē]* 2. *iṭṭiflᵎ da ismu ʾē? [da‿smu ʾē]* 3. *iṭṭālib da ismu ʾē?* 4. *innās dōl ismuhum ʾē?* 5. *izẓābiṭ da ismu ʾē?* 6. *issittᵎ di ismaha ʾē?* 7. *iṭṭalība di ismaha ʾē?* 8. *iṭṭalaba dōl ismuhum ʾē?*

VI. 1. *šīl iṣṣūra di ya Ḥasan!* 2. *šīl ilfūṭa di ya Ḥasan!* 3. *šīl ikkitāb da ya Ḥasan!* 4. *šīl iššanṭa di ya Ḥasan!* 5. *šīl ikkuṛṛāsa di ya Ḥasan!* 6. *šīl iṭṭarabēẓa di ya Ḥasan!* 7. *šīl iṣṣabūn da ya Ḥasan!* 8. *šīl izzēt da ya Ḥasan!*

VII. 1. *da aḥsan bi-ktīr.* 2. *ilmustašfa di‿kwayyisa xāliṣ.* 3. *ana waxda bardᵎ‿šwayya.* 4. *iṭṭalibāt gayyīn ɛala ṭūl [ḥālan].* 5. *hiyya lissa fi‿lmustašfa?* 6. *ilmukalma di ɛašānak [ɛašānik].* 7. *da aḥsan šuwayya.* 8. *da‿ktīr ʾawi.* 9. *ilbintᵎ di ismaha ʾē? [di‿smaha ʾē]* 10. *huwwa fi‿ssinima.* 11. *huwwa gayyᵎ dilwaʾti.* 12. *bukṛa tibʾa aḥsan.*

Übungen IV

I. 1. *iḫna maṣriyyīn.* 2. *dōl nimsawiyyīn.* 3. *humma lubnaniyyīn.* 4. *iḫna amrikān.* 5. *iḫna suriyyīn.* 6. *dōl sudaniyyīn.* 7. *dōl yunaniyyīn.*

II. 1. *izzayyik* 2. *izzayyak* 3. *izzayyukum* 4. *izzayyak* 5. *izzayyik* 6. *izzayyak* 7. *izzayyukum* 8. *izzayyik*

III. 1. *bintik* 2. *ḅaḅākum* 3. *ɛammik* 4. *abūki* 5. *giddak* 6. *uxtak* 7. *ḅaḅākum* 8. *awlādik*

IV. 1. *izzayyaha* 2. *izzayyuhum* 3. *izzayyaha* 4. *izzayyaha* 5. *izzayyu* 6. *izzayyuhum* 7. *izzayyu* 8. *izzayyuhum*

V. 1. *waxda bard* 2. *mitṛabbiyya* 3. *šaṭra* 4. *ɛarfa* 5. *gahza* 6. *ʼurayyiba* 7. *wiḫša* 8. *misafra*

VI. 1. *misafrīn* 2. *luṭāf* 3. *šuṭṭār* 4. *ṭuwāl* 5. *aġniyya* 6. *kubāṛ* 7. *ɛarfīn* 8. *gahzīn*

VII. 1. *gamb iggāmiɛ* 2. *waṛa‿kkinīsa* 3. *ʼuddām ilmustašfa* 4. *ɛand issinima* 5. *ʼuṣād ilbēt* 6. *fi‿lmadrasa*

VIII. *gāmiɛ, kinīsa, kibīr, kuṛṛāsa, kitāb, madrasa, bint, ṣūra, balad, bēt, šanṭa, ṭifl, gidd, bāb, lamḅa, ism, lōn, dīn*

IX. 1. *ilmuhandisīn miš mawgudīn.* 2. *ilmustašfayāt kuwayyisa* 3. *iṭṭalaba luṭāf ʼawi.* 4. *iggawāmiɛ biɛīda min hina.* 5. *ilmadāris ʼurayyiba.* 6. *ilbanāt kubāṛ* 7. *ilʼawlād dōl mawludīn fi‿gGīza.* 8. *ilʼaṭfāl gaɛanīn.* 9. *ilbiyūt kibīra.* 10. *iṭṭarabezāt kibīra.*

X. 1. *iḫna gaɛanīn ʼawi.* 2. *dōl miš kitīr ʼawi.* 3. *yimkin humma fi‿nnādi.* 4. *ilmadrasa‿ʼrayyiba min hina.* 5. *ilbalad di‿bɛīda xāliṣ min hina.* 6. *humma mawludīn wi mitṛabbiyyīn hināk.* 7. *iggāmiɛ waṛa‿lmadrasa ɛala ṭūl.* 8. *iṣṣuwar di miš wiḫša.*

XI. 1. *ilbanāt mabṣuṭīn.* 2. *iṭṭalibāt fi‿nnādi.* 3. *ilfiṭūr miš gāhiz.* 4. *di aḫsan šuwayya.* 5. *ana ʼaṣlan min Iskandariyya.* 6. *ilmukalma di miš ɛašānik.* 7. *yimkin ilbanāt ɛaṭšanīn.* 8. *iggawāmiɛ di miš biɛīda min innādi.* 9. *inta mawlūd fēn bi‿ẓẓabt? [inti mawlūda...?]* 10. *hiyya‿lmadāris biɛīda min hina?*

Übungen V

I. 1. *ma-ɛandīš* 2. *ma-ɛanduhumš* 3. *ma-ɛandūš* 4. *ma-ɛanduhumš* 5. *ma-ɛandināš* 6. *ma-ɛandahāš* 7. *ma-ɛandīš* 8. *ma-ɛandīš*

II. 1. *ɛandi walad wāḫid bass.* 2. *ɛandina ɛaṛabiyya waḫda bass.* 3. *ɛandaha šaʼʼa waḫda bass.* 4. *ɛandina ʼuṭṭa waḫda bass.* 5. *ɛandi wallāɛa waḫda bass.* 6. *ɛandu bintī waḫda bass.* 7. *ɛandi kalbī wāḫid bass.*

III. 1. *maɛāk* 2. *maɛāki* 3. *maɛāhum* 4. *maɛākum* 5. *maɛāna* 6. *maɛā(h)* 7. *maɛāha*

IV. 1. *maɛāhum* 2. *maɛāha* 3. *maɛāya* 4. *maɛāna* 5. *maɛāhum* 6. *maɛā(h)*

V. 1. *maᶓāha* 2. *maᶓāhum* 3. *maᶓāk* 4. *maᶓā* 5. *maᶓāki* 6. *maᶓākum* 7. *maᶓāna* 8. *maᶓāya*

VI. *yib'u tamanya, yib'u sitta, yisāwi talāta, yisāwi sabᶓa, yib'u‿ḫdāšar, yib'u‿tnāšar, yisāwi sabᶓa*

VII. *ᶓandi bintī waḫda bass. maᶓāya kurrāsa waḫda bass. ᶓandaha kalbī wāḫid bass. ᶓandina walad wāḫid bass. ᶓandu ša''a waḫda bass. ᶓandina villa waḫda bass. maᶓāya 'alam wāḫid bass.*

VIII. *xamsa šāy, arbaᶓa lamūn, wāḫid 'ahwa, tisᶓa bibsi, itnēn kōka, talāta niskafē, sabᶓa 'ahwa turki, wāḫid bīra, ᶓašara šāy, itnāšar 'ahwa*

IX. 1. *Salwa‿ṣġayyara‿w miš miggawwiza.* 2. *iḫna taᶓbanīn wi gaᶓanīn.* 3. *ilwalad gaᶓān wi‿lbintī miš gaᶓāna.* 4. *awlādi miš ṣuġayyarīn wi humma miggawwizīn.* 5. *innādi‿'rayyib wi‿kkinīsa‿'rayyiba bardu.* 6. *iḫna mawludīn wi mitrabbiyyīn fi‿lQāhira.*

X. 1. *kuntī taᶓbāna* 2. *ma-kanšī mawgūd* 3. *ma-kanšī ᶓandu* 4. *ma-kanitšī fi‿lmadrasa* 5. *kuntī baštaġal* 6. *kānit miggawwiza* 7. *kunna fi‿lmustašfa* 8. *kuntī waxda bard* 9. *ma-kanūš ᶓarfīn* 10. *kuntī fi‿nnādi* 11. *ma-kanūš mawgudīn* 12. *kānit mabṣūṭa*

XI. 1. *ma-kanšī mudarrisi.* 2. *ma-kanšī ᶓandaha wa't.* 3. *ma-kanūš maᶓāhum.* 4. *ma-kanšī‿kwayyis.* 5. *ma-kuntiš fi-'Almanya.* 6. *ma-kunnāš waxdīn bard.* 7. *inti ma-kuntīš taᶓbāna.* 8. *di ma-kanitš aḫsan bi-ktīr.* 9. *ma-kunnāš ᶓarfīn.* 10. *ma-kanitšī miggawwiza.* 11. *ma-kunnāš fi‿lbēt.*

XII. *ṣurtak, 'oḍtak, xidmitak, wallaᶓtak, šanṭitak*
ṣurtu, 'oḍtu, xidmitu, wallaᶓtu, šanṭitu
ṣuritna, 'oḍitna, xidmitna, wallaᶓitna, šanṭitna
ṣurithum, 'oḍithum, xidmithum, wallaᶓithum, šanṭithum
ṣurtik, 'oḍtik, xidmitik, wallaᶓtik, šanṭitik
ṣurti, 'oḍti, xidmiti, wallaᶓti, šanṭiti

XIII. 1. *ᶓandi bintī waḫda bass!* 2. *ma-mᶓahūš wallāᶓa.* 3. *il'awlād miš ᶓandina.* 4. *ma-ᶓandināš ᶓarabiyya.* 5. *talāta kōka, min faḍlak! [min faḍlik!]* 6. *wāḫid 'ahwa, min faḍlak! [min faḍlik!]* 7. *maᶓāk [maᶓāki] 'alam?* 8. *yimkin Ḫasan maᶓā(h) sagāyir?* 9. *yimkin Randa ma-ᶓandahāš wa't?* 10. *ma-mᶓīš fakka.* 11. *ilbanāt lissa‿ṣġayyarīn wi miš miggawwizīn.* 12. *hiyya kānit mudarrisit sanawi wi huwwa kān mudarris sanawi.* 13. *baštaġal dilwa'ti‿f-madrasa f-Iskandariyya.* 14. *kuntī zamān ṭabbāx ᶓandī wāḫid ingilīzi.* 15. *baštaġal muhandis fi-maṣnaᶓ.* 16. *iddīni xamsa‿gnē!*

Übungen VI

I. *mudárris, mudarrísa, ṭálaba, ibnáha, wáladu*
waládha, wáladik, siggāda, márra, marritēn
šawāriᶓ, šawarίᶓna, wara'āt, wára', ísmi
ismáha, šāriᶓ, šarίᶓna, máṭᶓam, šibbāk
da'āyi', ᶓarfīn, ᶓārif, muhándis, muhandisīn
muhandísa, ᶓarabiyyíti, šánṭa, šanṭíti, xidmítak

II. *ṣaḥbak, ganayni, miggawwiza, ṭayyibīn, ma-txafš, gahza, da mumkin, misafra, da‿ktāb, gayya‿mnēn, da‿kwayyis, ṛayḥīn*

III. *baɛdi̊ bukṛa, binti̊ waḥda, walad wāḥid*
ana gayyi̊ ḥālan, bēt wāḥid, ɛammi̊ ɛAli
bi-kulli̊ surūr, gambi̊‿Maḥmūd, ma-ɛandakši̊ wa't
intu saknīn fēn?, ma-ɛandakši̊‿flūs, zayyi̊ baɛḍu

IV. *nāzil, nazla, nazlīn; ɛārif, ɛarfa, ɛarfīn; šāyif, šayfa, šayfīn; nāyim, nayma, naymīn; misāfir, misafra, misafrīn; miṛawwaḥ, miṛawwaḥa, miṛawwaḥīn; gayy, gayya, gayyīn; wāxid, waxda, waxdīn; ɛāwiz, ɛawza, ɛawzīn; fākir, fakra, fakrīn.*

V. 1. *sakna* 2. *ɛarfa* 3. *ɛawzīn* 4. *ɛarfa* 5. *sāmiɛ* 6. *šayfa* 7. *sākin* 8. *ṛayḥa* 9. *gayya* 10. *nayma* 11. *fākir [fakra]* 12. *misafrīn*

VI. 1. *kānu* 2. *kunna* 3. *kānit* 4. *ma-kanūš* 5. *ma-kanitši̊* 6. *ma-kuntiš* 7. *kānu* 8. *kunti* 9. *kān* 10. *kuntu*

VII. 1. *Maha kānit ṛayḥa‿lMuhandisīn imbāriḥ.* 2. *inti kunti sakna hina?* 3. *dōl kānu gayyīn minēn?* 4. *hiyya kānit ɛawza 'ē?* 5. *intu ma-kuntūš ɛarfīn ḥāga?* 6. *humma gayyīn hina bukṛa bi‿llēl.* 7. *issāɛa kām dilwa'ti?* 8. *hiyya ma-kanitši̊ šayfa ḥāga.*

VIII. 5.03; 2.30; 6.58, 4.15; 7.10; 12.40 [0.40]; 9.15, 7.45; 3.30; 6.25

IX. *aṛbaɛa‿w rubɛ; sabɛa‿w nuṣṣ; talāta‿lla xamsa; ɛašaṛa‿lla rubɛ; talāta‿w xamsa; sitta‿w nuṣṣi̊‿w xamsa; ɛašaṛa‿w tilt; xamsa‿lla tilt; sabɛa‿w ɛašaṛa; tamanya‿w nuṣṣ illa xamsa*

X. *1. Ḥasan gayy issāɛa‿tnēn wi nuṣṣ.* 2. *kunti̊ nāyim [nayma] imbāriḥ baɛd iḍḍuhr.* 3. *iṭṭalaba ṛayḥīn fēn? [humma‿ṭṭalaba ṛayḥīn fēn?]* 4. *Maha sakna fēn? [hiyya Maha sakna fēn?]* 5. *inti šayfa ḥāga?* 6. *iḥna ṛayḥīn innādi‿ssāɛa tisɛa‿lla rubɛ.* 7. *ilġada kān issāɛa‿tnēn wi nuṣṣ.* 8. *kunti ɛawza 'ē hināk?* 9. *intu kuntu zamān saknīn fi‿lMaɛādi kamān?* 10. *ṛayḥīn ḥafla ɛandi̊‿ṣḥabna.* 11. *taɛāla [taɛāli] hina bukṛa aḥsan!* 12. *li‿l'asaf ma-ɛandīš wa'ti̊ bukṛa.* 13. *ana miš fāḍi [faḍya] dilwa'ti.* 14. *ilmukalma di ma-kanitši̊ ɛašānak [ɛašānik].* 15. *ana miš fāhim [fahma] wala kilma.* 16. *kān ɛandina bēt ṣuġayyaṛ fi‿lɛAgami.* 17. *inta ɛārif šāriɛ 'Aṣr inNīl? [inti ɛarfa...]*

Übungen VII

I. 1. *arkab il'utubīs?* 2. *a'fil ilbāb?* 3. *aftaḥ iššibbāk?* 4. *astanna‿lġāyit imta?* 5. *aɛmil 'ahwa?* 6. *arūḥ fēn?* 7. *āxud ḥāga sa'ɛa?* 8. *anzil fi-midān ittaḥrīr?* 9. *axušši̊ dilwa'ti?*

II. 1. *yirkab il'utubīs* 2. *yāxud ittaks* 3. *yis'al ilɛaskari* 4. *yimši‿lġāyit ilmidān* 5. *yinzil fi-midān ittaḥrīr* 6. *yirūḥ šāriɛ Ṭalɛat Ḥarb.*

III. 1. *tiḥuṭṭ ikkarāsi fi‿lbalakōna* 2. *tiɛmil il'ahwa* 3. *tirūḥ issū'* 4. *ti'fil iššababīk* 5. *tistanna‿šwayya* 6. *tinaḍḍaf iṭṭarabēẓa* 7. *tiftaḥ ilbāb*

IV. 1. *yiḥuṭṭu‿kkarāsi fi‿lbalakōna* 2. *yiɛmilu‿l'ahwa* 3. *yirūḥu‿ssū'* 4. *yi'filu‿ššababīk* 5. *yistannu‿šwayya* 6. *yinaḍḍafu‿ṭṭarabēẓa* 7. *yiftaḥu‿lbāb*

V.   1. *iftaḫi, iftaḫu*   2. *i'fili, i'filu* 3. *iɛmili, iɛmilu* 4. *istarayyaḫi, istarayyaḫu* 5. *itfaḍḍali, itfaḍḍalu* 6. *naḍḍafī, naḍḍafu* 7. *irkabi, irkabu* 8. *is'ali, is'alu* 9. *inzili, inzilu*

VI.   1. *i'fil* 2. *iftaḫi* 3. *istarayyaḫi* 4. *istannu* 5. *iɛmil šāy* 6. *itfaḍḍal ya Ḫasan, is'al!* 7. *itfaḍḍali ya Samya, inzili!* 8. *itfaḍḍal ya Ḫasan, xud il'alam!* 9. *itfaḍḍalu ya banāt, imšu!* 10. *i'ri kkitāb* 11. *xuššu*

VII. 1. *miš ɛāwiz anzil!* 2. *miš ɛawza anzil!* 3. *miš ɛawzīn ninzil!* 4. *miš ɛāwiz ašrab!* 5. *miš ɛāwiz arkab!* 6. *miš ɛawza_astarayyaḫ!* 7. *miš ɛawzīn niftaḫ!* 8. *miš ɛawzīn nis'al!* 9. *miš ɛawza_ākul!* 10. *miš ɛawzīn nistanna!* 11. *miš ɛāwiz arūḫ!* 12. *miš ɛawzīn nāxud!*

VIII. 1. *tinzil* 2. *tišrab* 3. *tis'ali* 4. *tirūḫ* 5. *tistannu* 6. *timšu* 7. *tirkabu* 8. *taklu* 9. *taxdi* 10. *tiftaḫi* 11. *tinaḍḍafī* 12. *tixušš*

IX.   1. *yirūḫu* 2. *yirkabu* 3. *yistarayyaḫu* 4. *yistannu* 5. *yis'alu* 6. *yimšu* 7. *yinaḍḍafu* 8. *yi'ru* 9. *yinzilu*

X.   1. *hiyya miš ɛayza tistanna.* 2. *miš lāzim timši [tirūḫ].* 3. *as'al mīn?* 4. *ḫuṭṭ iṭṭarabēza fi_lbalakōna ya_Mḫammad!* 5. *ya Samīra! iɛmili 'ahwa, min faḍlik!* 6. *lāzim timši_lǧāyit innādi.* 7. *miš lāzim tistanna [tistanni].* 8. *is'al [is'ali] ilbawwāb il'awwil!* 9. *itfaḍḍal istarayyaḫ! [itfaḍḍali_starayyaḫi!]* 10. *ɛāwiz tišrab wāḫid bīra, ya Ḫasan?* 11. *lāzim tinzil [tinzili] ɛand iggāmiɛ.* 12. *ɛawza tišrabi sigāra?* 13. *lāzim tāxud [taxdi] il'utubīs.* 14. *tistanna_šwayya.* 15. *huwwa_nnādi_bɛīd min hina?* 16. *aɛmil 'ē?* 17. *astanna_lǧāyit issāɛa kām?* 18. *arūḫ hināk izzāy?* 19. *i'fili_ššababīk ya Fawziyya!* 20. *miš ɛawzīn nistanna.* 21. *iḫna mistaɛgilīn šuwayya.*

Übungen VIII

I.   *kitabēn, betēn, saɛtēn, ša"itēn, ḫagtēn, ṣurtēn, bariztēn, dorēn, 'oḍtēn, dulabēn*

II.   *'alami, dōri, maktabi, wara'ti, ḫafliti*
      'alamna, dorna, maktabna, wara'itna, ḫaflitna
      'alamu, dōru, maktabu, wara'tu, ḫaflitu
      'alamha, dorha, maktabha, wara'itha, ḫaflitha
      'alamik, dōrik, maktabik, wara'tik, ḫaflitik
      'alamkum, dorkum, maktabkum, wara'itkum, ḫaflitkum
      'alamak, dōrak, maktabak, wara'tak, ḫaflitak
      'alamhum, dorhum, maktabhum, wara'ithum, ḫaflithum

III. *ginenti, ṣurti, naxliti, ɛunwāni, saɛti*
      ginenitna, ṣuritna, naxlitna, ɛunwanna, saɛitna
      ginentu, ṣurtu, naxlitu, ɛunwānu, saɛtu
      ginenitha, ṣuritha, naxlitha, ɛunwanha, saɛitha
      ginentik, ṣurtik, naxlitik, ɛunwānik, saɛtik
      ginenitkum, ṣuritkum, naxlitkum, ɛunwankum, saɛitkum
      ginentak, ṣurtak, naxlitak, ɛunwānak, saɛtak
      ginenithum, ṣurithum, naxlithum, ɛunwanhum, saɛithum

IV.   *šababíkha, šababīk; ḫaflitēn, ḫáfla; naxlítha, náxla; awládna, awlād; fúṭṭu, fūṭa; ginéntak, ginēna; šawárɛu, šawāriɛ; waládha, wálad; ṣúrtik, ṣūra; madársu, madāris; ṣāḫbi, ṣāḫib; ṣaḫíbna, ṣāḫib; sáɛtu, sāɛa; biyútha, biyūt; maṛṛitēn, máṛṛa; šu'á'ha, šú'a'; šababīku, šababīk; makátbu, makātib;*

V. 1. *hiyya 'aɛda‿f-'oḍitha.* 2. *humma 'aɛdīn fi-'oḍithum.* 3. *iḫna 'aɛdīn fi-'oḍitna.* 4. *ana 'āɛid fi-'oḍti.* 5. *intu 'aɛdīn fi-'oḍitkum.* 6. *inti 'aɛda‿f-'oḍtik.* 7. *huwwa 'āɛid fi-'oḍtu.* 8. *inta 'āɛid fi-'oḍtak.*

VI. 1. *hiyya sakna fi‿zZamālik ɛandi̊ ṃamitha.* 2. *humma saknīn fi‿zZamālik ɛandi̊ ɛammuhum.* 3. *iḫna saknīn fi‿zZamālik ɛandi̊ gidditna.* 4. *huwwa sākin fi‿zZamālik ɛandi̊ ṣaḫbu.* 5. *hiyya sakna fi‿zZamālik ɛand abūha.* 6. *inti sakna fi‿zZamālik ɛandi̊ ṣahbitik?* 7. *inta sākin fi‿zZamālik ɛandi̊ ṃamtak?* 8. *ana sākin fi‿zZamālik ɛandi̊ ṣaḫbi.* 9. *iḫna saknīn fi‿zZamālik ɛandi̊ ɛammitna.*

VII. 1. *ana mistanni ṣaḫbi.* 2. *inti mistanniyya ṣaḫbitik.* 3. *inta mistanni ṃamtak.* 4. *hiyya mistanniyya bintaha.* 5. *huwwa mistanni abū.* 6. *hiyya mistanniyya axūha.* 7. *iḫna mistanniyyīn awladna.* 8. *humma mistanniyyīn uxtuhum.*

VIII. 1. *di saɛti* 2. *di ɛaṛabiyyiti* 3. *di ṃamti* 4. *di ṣurti* 5. *di 'oḍti* 6. *di ṣaḫbiti* 7. *di ša''iti* 8. *di‿gnenti*

IX. 1. *di saɛitna* 2. *di ɛaṛabiyyitna* 3. *di ṃamitna* 4. *di ṣuritna* 5. *di 'oḍitna* 6. *di ṣaḫbitna* 7. *di ša''itna* 8. *di‿gnenitna*

X. 1. *idfaɛu* 2. *i'filu* 3. *iftaḫu* 4. *išṛabu* 5. *xuššu* 6. *naḍḍafu* 7. *is'alu* 8. *xudu*

XII. (= XI) 1. *irkabha* 2. *ṭallaɛha* 3. *i'filha* 4. *išṛabha* 5. *xuššaha* 6. *naḍḍafha* 7. *is'alha* 8. *xudha*

XIII. (= XII) 1. *anaḍḍafha* 2. *anaḍḍafu* 3. *anaḍḍafha* 4. *anaḍḍafu* 5. *anaḍḍafha* 6. *anaḍḍafha* 7. *anaḍḍafu* 8. *anaḍḍafha* 9. *anaḍḍafha*

XIV. (=XIII) 1. *tinaḍḍafīha* 2. *tinaḍḍafī(h)* 3. *tinaḍḍafīha* 4. *tinaḍḍafī(h)* 5. *tinaḍḍafīha* 6. *tinaḍḍafīha* 7. *tinaḍḍafī(h)* 8. *tinaḍḍafīha* 9. *tinaḍḍafīha*

XIV. 1. *ɛarfinni* 2. *fakirni* 3. *ɛarifna* 4. *šayifkum [šayfākum]* 5. *ɛarfinni* 6. *fakrāk [fakrāha]* 7. *ɛarfu* 8. *samɛāha* 9. *šayfāni* 10. *samɛāhum*

XV. 1. *iḫna saknīn fi‿ddōr iṛṛābiɛ.* 2. *išša''a ma-fihāš takyīf.* 3. *imbāriḫ kān iggaww aḫsan šuwayya.* 4. *humma ɛawzīn yirūḫu‿ynāmu ɛala ṭūl.* 5. *ɛaṛabiyyit siyadtik fēn?* 6. *il'aṣanṣēr ɛaṭlān wi lāzim yitṣallaḫ.* 7. *il'itnēn [l-itnēn] ginē dōl ɛašānak inta.* 8. *iddinya kānit ḫaṛṛi̊ 'awi fi‿ṣṣēf.* 9. *ma-kanši̊ fī nās kitīr fi-ḫaflit imbāriḫ.* 10. *mumkin tidfaɛ ilḫisāb innahaṛda ya Nabīl?*

XVI. 1. *ša''iti‿ṣġayyaṛa.* 2. *kunti̊ sākin [sakna] fi‿dDu''i zamān.* 3. *ana ṛāyiḫ [ṛayḫa] dilwa'ti adfaɛ il'igāṛ.* 4. *ṃamtak [ṃamtik] fēn?* 5. *ṣurtik ḫilwa 'awi.* 6. *išša''a kān fīha takyīf.* 7. *ma-kanši̊ fī 'aṣanṣēr li‿l'asaf.* 8. *mumkin tiṭallaɛni bi‿lɛaṛabiyya?* 9. *ḫaḍritak irgaɛ waṛa‿šwayya min faḍlak! [hāt waṛa‿šwayya!].* 10. *ɛāwiz [ɛawza] ṣurtēn.* 11. *iksaṛ yimīn! [iksaṛi‿ymīn!]* 12. *iɛdil! [iɛdili!]* 13. *ginenti fīha naxlitēn.* 14. *kānit mi'aggaṛa ša''a‿ṣġayyaṛa.* 15. *kān fī ḫafla‿mbāriḫ.* 16. *ša''iti fi‿ddōr ilxāmis.* 17. *iddinya kānit ḫaṛṛi̊ 'awi‿mbāriḫ.* 18. *Ḫasan ɛandu ɛaṛabiyyitēn.* 19. *mumkin ti'fil ittakyīf, min faḍlak?* 20. *kānu mistanniyyīn iṣḫabhum.*

Übungen IX

I. 1. *'ūli* 2. *xudu* 3. *imšu* 4. *inzili* 5. *imli* 6. *is'ali* 7. *iṭlaɛi* 8. *idxuli* 9. *istanni* 10. *imḍi*

II. 1. *rūḥ* 2. *istanna* 3. *inzil* 4. *is'al* 5. *imḍi* 6. *idxul* 7. *irkab* 8. *taɛāla* 9. *xušš* 10. *irgaɛ*

III. 1. *amla* 2. *amḍi* 3. *aṭlaɛ* 4. *as'al* 5. *aktib* 6. *anzil* 7. *āgi* 8. *āxud* 9. *aɛaddi* 10. *arūḥ*

IV. 1. *tis'al ilbawwāb!* 2. *tāxud taks!* 3. *tidxul mi‿lbāb!* 4. *tirgaɛ ɛala ṭūl!* 5. *tirūḥ tinām!* 6. *tišrab šāy!* 7. *tiksar yimīn!* 8. *tīgi bukra!* 9. *tāxud ilbarīza!* 10. *tištiri damġa!*

V. 1. *nīgi* 2. *nišrab* 3. *nimḍi* 4. *nis'al* 5. *niɛaddi* 6. *nixušš* 7. *nimla* 8. *nāxud* 9. *nimši* 10. *niwṣal*

VI. 1. *timḍi fēn* 2. *tištiri damġa‿mnēn* 3. *tidxul fēn* 4. *tis'al mīn* 5. *timla 'ē* 6. *tiktib 'ē* 7. *tirūḥ fēn* 8. *ti'ūl 'ē* 9. *tāxud 'ē* 10. *tīgi tāni imta*

VII. 1. *ma-timšīš* 2. *ma-timlāš* 3. *ma-txuššiš* 4. *ma-tɛaddīš* 5. *ma-tis'alš* 6. *ma-tištirīš* 7. *ma-tinzilīš* 8. *ma-truḥīš* 9. *ma-taxdīš* 10. *ma-tgīš* 11. *ma-timlīš* 12. *ma-tiṭlaɛīš* 13. *ma-ti'rīš*

VIII. *(a) tirkab, timši, tiḥawwid, tiɛaddi, tinzil, tixušš, tiṭlaɛ, tis'al, timla, timḍi, ma-tinsāš, tīgi, tāxud*

(b) yirkab, yimši, yiḥawwid, yiɛaddi, yinzil, yixušš, yiṭlaɛ, yis'al, yimla, yimḍi, ma-yinsāš, yīgi, yāxud

IX. 1. *da muftāḥ ilmaktab.* 2. *da muftāḥ ilɛarabiyya.* 3. *da maktab ilmuhandis.* 4. *da bēt Ummi Kalsūm.* 5. *dōl awlād ilbawwāb.* 6. *dōl iṣḥāb Samīr.* 7. *da muftāḥ iddulāb.*

X. 1. *di ɛarabiyyit ilmuhandis.* 2. *di ɛarabiyyit idduktūra.* 3. *di šanṭit ilmudarrisa.* 4. *di 'oḍt ilbanāt.* 5. *di ɛarabiyyit Samīr.* 6. *di nimrit ittilifōn.* 7. *di ša''it axūya.*

XI. 1. *di‿ɛmārit iggamɛa.* 2. *di šanṭit Ḥasan.* 3. *di 'imḍit ilmuwaẓẓaf.* 4. *di nimrit ittilifōn.* 5. *di‿knīsit Māri Girgis.* 6. *di madrasit ilbanāt.* 7. *di kurrāsit Samya.* 8. *di maḥaṭṭit il'utubīs.*

XII. *tagdīd ilbasbōr, ṣāḥib ilbēt [ṣaḥb ilbēt], ginent ilḥayawanāt, maḥaṭṭit il'utubīs, tarīx innaharda, nādi‿lmudarrisīn, lelt imbāriḥ, bawwāb ilmabna, sū' ilxuḍār*

XIII. *fingān 'ahwa, 'izāzit mayya maɛdaniyya, kubbāyit šāy, šurbit ɛads* usw.

XIV. 1. *anhu ɛaskari?* - *ilɛaskari‿lli ɛa‿lbāb.* 2. *anhi maḥaṭṭa?* - *ilmaḥaṭṭa‿lli gamb innādi.* 3. *anhi ɛarabiyya?* - *ilɛarabiyya‿lli fi‿ggarāš.* 4. *anhi ša''a?* - *išša''a‿lli taḥt.* 5. *anhi naxla?* - *innaxla‿lli fi‿gginēna.* 6. *anhu mabna?* - *ilmabna‿lli ɛa‿ššimāl.* 7. *anhu‿ktāb?* - *ikkitāb illi ɛa‿lmaktab.*

XV. 1. *bitāɛ axūya* 2. *bitāɛit Farū'* 3. *bitāɛit Maha* 4. *bitūɛ uxti* 5. *bitāɛit Ḥasan* 6. *bitaɛt ilmuwaẓẓaf* 7. *bitāɛit uxti*

XVI. bitāɛit, bitāɛit, bitāɛ, bitāɛ, bitūɛ, bitāɛit, bitūɛ, bitāɛ

XVII. 1. iššanṭa‿btaɛti 2. awladhum (s. S.184) 3. il'ōḍa‿btaɛtik 4. igginēna‿btaɛitha 5. ikkitāb bitāɛik 6. ilḫafla‿btaɛitna 7. ilbēt bitāɛkum 8. il'istimāra‿btaɛtu 9. iṭṭalaba‿btuɛna

XVIII. 1. lā, miš bitaɛti lākin bitaɛtu huwwa. 2. lā, miš bitaɛitna lākin bitaɛithum humma. 3. lā, miš bitaɛti lākin bitaɛitha hiyya. 4. lā, miš bitaɛithum lākin bitaɛitna iḫna. 5. lā, miš bitaɛitha lākin bitaɛti ana. 6. lā, miš bitāɛi lākin bitāɛu huwwa. 7. lā, miš bituɛna lākin bituɛhum humma. 8. lā, miš bitaɛha lākin bitāɛu huwwa. 9. lā, miš bitaɛitna lākin bitaɛitha hiyya. 10. lā, miš bitaɛti lākin bitaɛitha hiyya.

XIX. 1. bitaɛti 2. bitāɛak 3. bitaɛitha 4. bitaɛna 5. bituɛna 6. bitaɛkum 7. bitaɛithum 8. bitaɛti 9. bituɛna 10. bitaɛtik

XX. 1. ilɛarabiyya di‿btaɛitha. 2. dōl awladhum (s. S.184). 3. igginēna di‿btaɛti. 4. išša''a di‿btaɛtu. 5. ilbēt da‿btaɛhum. 6. iṣṣūra di‿btaɛti. 7. il'imḍa di‿btaɛti. 8. ikkitāb da‿btaɛha. 9. innimra di‿btaɛitna.

XXI. 1. iddīni‿l'azra' 2. iddīni‿lxaḍra 3. iddīni‿ṣṣafra 4. iddīni‿l'aṣfar 5. iḫna ɛawzīn issamra 6. ana ɛāwiz ilbēḍa 7. hāt il'abyaḍ 8. iddīni‿l'aḫmaṛ

XXII. 1. il'iqāma‿btaɛitha ɛayza tagdīd. 2. ḫawwid šimāl fi-šāriɛ Lubnān! 3. ya sitt, is'ali‿lɛaskari‿lli ɛa‿lbāb! 4. tilā'i mabna‿kbīr 'awi. 5. ilɛaskari ḫay'ullak tirūḫ li-mīn. 6. warrīni‿lbasbōr bitāɛak min faḍlak! 7. taɛāli hina bukṛa, ya madām! 8. ittarīx wi‿l'imḍa na'ṣīn. 9. xuššu mi‿ilbāb illi ɛa‿lyimīn! 10. inta ɛāyiz ɛaṛustak šaklaha 'ē?

XXIII. 1. maḫaṭṭit il'utubīs fēn? 2. kunna ɛawzīn nizūr ginent ilḫayawanāt. 3. ilxazna‿btaɛt ilMugammaɛ ma'fūla. 4. sū' issamak miš biɛīd min hina. 5. iggirān illi fō' hadyīn. 6. šaɛṛi‿mṛātu kān aṣfar 7. kunti fēn imbāriḫ bi‿llēl, ya Randa? 8. lāzim aštaġal ɛašān a'daṛ aɛīš. 9. rūḫi ištiri damġitēn! 10. ma-tinsūš ilbasbōr fi‿lbēt! 11. warrīni‿lbasbōr bitāɛak wi‿l'iqāma‿btaɛtak! 12. siyadtak tiɛraf timla‿l'istimāṛa di? 13. ilbasbōr bitāɛ siyadtak ɛāwiz tagdīd. 14. il'iqāma‿btaɛti lāzim titgaddid. 15. siyadtak ḫatīgi‿lḫafla bukṛa kamān? 16. il'istimāṛa‿btaɛt il'iqāma kānit zamān bēḍa wi dilwa'ti ṣafra.

Übungen X

I. 1. nis'al mīn? 2. ninzil fēn? 3. nittifi' maɛa mīn? 4. nistaḫmil izzāy? 5. nāxud 'ē? 6. niṣallaḫ 'ē? 7. nu'ɛud fēn? 8. ništiri 'ē? 9. nimši izzāy? 10. niɛaddi fēn? 11. ništaġal izzāy? 12. ninsāha‿zzāy?

II. 1. aḫsan ḫāga‿tɛaddu ɛa‿kkubri! 2. aḫsan ḫāga‿tḫawwidu ɛa‿ššimāl! 3. aḫsan ḫāga tis'alu‿lɛaskari! 4. aḫsan ḫāga tindahu li‿ssabbāk! 5. aḫsan ḫāga‿tġayyaṛu‿ggilda! 6. aḫsan ḫāga tittifʼu maɛā! 7. aḫsan ḫāga taxdu‿lfilūs! 8. aḫsan ḫāga tistannu‿šwayya! 9. aḫsan ḫāga tistarayyaḫu hina! 10. aḫsan ḫāga‿tṣallaḫūhum dilwa'ti!

III. 1. *ilεaskari ḫay'ullukum tiεmilu 'ē!* 2. *ilεaskari ḫay'ullukum tirūḫu fēn!* 3. *ilεaskari ḫay'ullukum tindahu‿l-mīn!* 4. *ilεaskari ḫay'ullukum tixuššu‿mnēn!* 5. *ilεaskari ḫay'ullukum taxdu 'ē!* 6. *ilεaskari ḫay'ullukum tis'alu mīn!* 7. *ilεaskari ḫay'ullukum tila'ūha fēn!* 8. *ilεaskari ḫay'ullukum timḍu fēn!* 9. *ilεaskari ḫay'ullukum tiġayyaṛu 'ē!* 10. *ilεaskari ḫay'ullukum tiṣallaḫu 'ē!*

IV. 1. *ma-timḍīš!* 2. *ma-tištirihāš!* 3. *ma-timḍihāš!* 4. *ma-tṣallaḫhāš!* 5. *ma-taxudhumš!* 6. *ma-tġayyaṛhāš!* 7. *ma-timlahumš!* 8. *ma-tis'alhāš!* 9. *ma-tištirihāš!* 10. *ma-txuššahāš!*
Ebenso: 1. *ma-timḍūš!* 2. *ma-tištiruhāš!* usw.

V. *ḍārib, yišūfu, mawgūda, bayẓa, sulām, yiṣallaḫu, yiġayyaṛūha, yištaġalu, miḫtaginha, yinzilu, yištiru, yila'ūha*

VI. *bitāε, xasṛān, biyna''aṭ, yindah, yiṣallaḫ, yitfakk, miḫtāg, yištiri, tikūn, yištaġal, yittifi'u*

VII. 1. *ḫarūḫ* 2. *ḫaštirī(h)* 3. *ḫanām badri* 4. *ḫanākul ruzz* 5. *ḫaεmilha dilwa'ti* 6. *ḫanšūfu* 7. *ḫaṣallaḫu* 8. *ḫāgi* 9. *ḫanaḍḍafha dilwa'ti*

VIII. 1. *miš ḫansā(h)!* 2. *miš ḫansāhum!* 3. *miš ḫaxuššaha!* 4. *miš ḫanġayyaṛha!* 5. *miš ḫaṣallaḫu!* 6. *miš ḫan'aggaṛha!* 7. *miš ḫaštirīha!* 8. *miš ḫamḍīha!* 9. *miš ḫaṭlaεu!* 10. *miš ḫašṛabha!*

IX. *biyištirīha, biyfukkaha, biyġayyaṛha, biyṣallaḫha, biyrakkibha tāni, biynaḍḍafha, biyištaġal kuwayyis*

X. 1. *lāzim ašṛab ilṃayya di?* 2. *lāzim nittifi' maεāhum.* 3. *ḍarūri‿ tġayyaṛu‿lfilūs.* 4. *tiεraf tiwarrīna‿lbalad?* 5. *nifsi aštaġal sabbāk.* 6. *tiḫibbi tis'ali su'āl?* 7. *ḍarūri ništiri εaṛabiyya.* 8. *aḫibb aggawwiz Randa.* 9. *aεraf aṣallaḫ issaxxān.* 10. *aḫibb aεīš fi-maṣr.*

XI. 1. *ilbayẓa, issalīma [issulām]* 2. *inna'ṣa* 3. *irrixīṣa, ilġalya* 4. *ittanya* 5. *ilxasṛāna* 6. *ilhadya* 7. *ilxaḍra* 8. *ilbēḍa*

XII. 1a+6b: *yištiru gilda‿gdīda* * 2a+9b: *εašān niġayyaṛ iggilda** 3a+8b: *εašān tittifi' maεā* * 4a+3b: *εašān nišūf ilfiyuzāt* * 5a+1b: *εašān yiṣallaḫ issaxxān* * 6a+5b: *εašān issitt ma-tiddayi'š* * 7a+7b: *εašān arakkib ḫanafiyya‿gdīda** 8a+4b: *εašān ma-tixsaṛšī‿w tistaḫmil* * 9a+2b: *εašān tib'u zabāyin* *
Es gibt auch noch andere Möglichkeiten.

XIII. 1. *ana gayy [gayya] as'al siyadtak [siyadtik] su'āl.* 2. *ana gayy [gayya] aṣallaḫ issaxxān.* 3. *ana gayy [gayya] ašūf ikkabl ilεumūmi.* 4. *ana gayy [gayya] aġayyaṛ ilfiyuzāt ilbayẓa.* 5. *ana gayy [gayya] āxud il'ugṛa‿btaεti.* 6. *ana gayy [gayya] aštiri damġa.* 7. *ana gayy [gayya] adfaε il'igāṛ bitāε išša''a.* 8. *ana gayy [gayya] amḍi‿ l'istimāṛa.* 9. *ana gayy [gayya] aštaġal maεāhum.* 10. *ana gayy [gayya] agaddid il'iqāma.*

XIV. 1. *ittallāga‿btaεt ilmaṭbax xasṛāna xāliṣ.* 2. *issaxxān iggidīd biyna''aṭ ṃayya.* 3. *ana εārif sabbāk kuwayyis.* 4. *issabbāk biyṣallaḫ ilḫanafiyya‿lbayẓa dilwa'ti.* 5. *lāzim nittifi' mi‿l'awwil εašān nikūn mistarayyaḫīn.* 6. *inta‿btāxud 'ugra ġalya‿šwayya.* 7. *di 'awwil maṛṛa aṣallaḫ ḫāga εandukum.* 8. *humma miš muwafi'īn.* 9. *di ḫāga basīṭa 'awi.* 10. *lāzim tiṣallaḫha dilwa'ti εala ṭūl ya‿sṭa!* 11. *dōl bintēn maṣriyyīn wi ḫilwīn 'awi.* 12. *ittallāga‿ggidīda bayẓa.* 13. *iḫna‿bništaġal ṭūl innahāṛ.* 14. *humma ḫaysafru‿ skandariyya bukṛa.* 15. *ilεaṛabiyyāt iggidīda ġalya xāliṣ.* 16.

igginēna‿btaɛti fīha naxlitēn kubāṛ. 17. *iṭṭalaba‿ggudād biyištaġalu‿ kwayyis.*

XV. 1. *ilfiyuzāt gamb ittallāga.* 2. *issaxxanāt ilbayẓa lāzim titfakkĭ ɛala ṭūl.* 3. *indah li‿kkahṛabāʾi, ɛašān yiġayyaṛ ilfiyuzāt.* 4. *bukṛa ḥayṣallaḥ ittallāga kamān.* 5. *iṣṣabi ḥayinzil issūʾ bukṛa ɛašān yištiri‿lḥagāt innaʾṣa.* 6. *yimkin fī fyūz bāyiẓ.* 7. *barūḥ innādi kullĭ yōm, zayyĭ ma‿nta ɛārif.* 8. *bitiktib ʾē?* 9. *miš ɛārif aktib ʾē?* 10. *biyizɛal bi-surɛa.* 11. *ma-tizɛalūš.* 12. *baḥibb arūḥ issinima.* 13. *tiḥibbu [nifsukum] tirūḥu maɛāya‿ssinima?* 14. *di‿fyuzāt ʾamrikāni.* 15. *ilʾutubīs dayman biyiwṣal issāɛa‿ṭnāšar.* 16. *biništaġal ṭūl innahāṛ.* 17. *ɛāwiz [aḥibb] aštaġal mudarris.* 18. *ilɛaddād iggidīd xasṛān wi ma-byištaġalš.* 19. *huwwa gayyĭ yāxud ʾigāṛ iššaʾʾa.* 20. *lāzim tittiʾu maɛā(h).*

Übungen XI

I. 1. *ma-tsāfir* 2. *ma-tišṛab* 3. *ma-tirkab* 4. *ma-tākul* 5. *ma-tinzilu* 6. *ma-tisʾalu* 7. *ma-tilbisi* 8. *ma-tʾaggaṛūha* 9. *ma-tiktibilha*

II. 1. *ɛalē* 2. *ɛalayya* 3. *ɛalēki* 4. *ɛalēhum* 5. *ɛalēha* 6. *ɛalēku* 7. *ɛalēna* 8. *ɛalē*

III. 1. *intu bāyin ɛalēkum fiɛlan ɛayyanīn.* 2. *huwwa bāyin ɛalē hamdān fiɛlan.* 3. *inti bāyin ɛalēki fiɛlan miš mabṣūṭa.* 4. *di bāyin ɛalēha taɛbāna fiɛlan.* 5. *dōl bāyin ɛalēhum kuwayyisīn fiɛlan.* 6. *ilfaršĭ bāyin ɛalē fiɛlan gidīd lang.* 7. *ilḥanafiyya bāyin ɛalēha bayẓa fiɛlan.* 8. *ilʾaṣansēr bāyin ɛalē ɛaṭlān fiɛlan.*

IV. 1. *liyya ɛandak itnēn ginē.* 2. *liyya ɛandak talāta‿gnē.* 3. *liyya ɛandak ginē wāḥid.* 4. *liyya ɛandak itnēn gnē.* 5. *liyya ɛandak xamsa‿gnē.*

V. 1. *luh [lī(h)]* 2. *liyya* 3. *līna* 4. *līku* 5. *līha* 6. *līki* 7. *līhum*

VI. "ganz": 4,6,12,13* "alle": 2,3,5,11*
"jeder": 1,7,8,9,10,14*

VII. 1. *ilḥanafiyyāt kullaha* 2. *ilḥammām kullu* 3. *kullĭ ḥitta* 4. *ilɛimāṛa kullaha* 5. *kullĭ ḥāga* 6. *iṭṭalaba kulluhum* 7. *iššuʾaʾ kullaha* 8. *ilwaʾtĭ da kullu* 9. *ilmuwaẓẓafīn kulluhum*

VIII. 1. *fī mudarris fi-kullĭ faṣl.* 2. *fī kahṛaba‿f-kullĭ bēt.* 3. *fī takyīf fi-kullĭ ʾōḍa.* 4. *biysāfir kullĭ sana.* 5. *binrūḥ Iskandariyya kullĭ ṣēf.* 6. *fī duktūr fi-kullĭ balad.* 7. *biyīgi kullĭ yōm.* 8. *biyīgi kullĭ lēla.* 9. *fī faršĭ‿f-kullĭ šaʾʾa.*

IX. 1. *kull iṭṭalaba fi‿lmadrasa.* 2. *kull ilbiyūt fīha ṃayya.* 3. *kull ilfiyuzāt sulām.* 4. *kull iṭṭalaba‿kwayyisīn.* 5. *kull ikkutub mawgūda.* 6. *kull ilmudarrisīn fi-ʾagāza.* 7. *kull iššuʾaʾ fīha ʾoḍtēn nōm.* 8. *kull ilmustašfayāt fīha ʾaṣansēr.*

X. 1. *kull iššuʾaʾ* 2. *kull ilḥanafiyyāt* 3. *kull iššawāriɛ* 4. *kull ilʾuwaḍ* 5. *kull ilɛaṛabiyyāt* 6. *kull ilʾaghiza* 7. *kull iššawāriɛ* 8. *kull ilʾaṣanserāt*

XI. 1. *da nafs ilwalad!* 2. *da nafs issabab!* 3. *da nafs ilmaraḍ!* 4. *di nafs iššaʼʼa!* 5. *ḫāxud nafs ilʼutubīs!* 6. *di‿f-nafs ilɛimāṛa!* 7. *humma naymīn fi-nafs ilʼōḍa!* 8. *ḫayīgi‿f-nafs ilyōm!* 9. *ḫarūḫ nafs ilḫafla!*

XII. 1. *ana‿b-nafsi.* 2. *iḫna‿b-nafsina.* 3. *huwwa‿b-nafsu.* 4. *hiyya‿b-nafsaha.* 5. *humma‿b-nafsuhum.* 5. *iḫna‿b-nafsina.*

XIII. 1. *ma-trūḫi li‿dduktūr yišūf ɛandik ʼē!* 2. *ma-trūḫu li‿dduktūr yišūf ɛandukum ʼē!* 3. *ma-trūḫ li‿dduktūr yišūf ɛandaha ʼē!* 4. *ma-yrūḫu li‿dduktūr yišūf ɛanduhum ʼē!* 5. *ma-yrūḫ li‿dduktūr yišūf ɛandu ʼē!* 6. *ma-nrūḫ li‿dduktūr yišūf ɛandina ʼē!* 7. *ma-rūḫ li‿dduktūr yišūf ɛandi ʼē!*

XIV. *ɛarfa, ḫikayitha, ma-bitnamš, bitʼūm, hamdāna, gismaha, bitiwgaɛha, tirūḫ, ɛandaha, ɛalēha, ɛayyāna*

XV. 1. *hiyya ɛawza tištiri nafs ilɛaṛabiyya.* 2. *ana ma-banamšî bi‿llēl.* 3. *hiyya hamdāna wi ɛarʼāna‿ṣṣubḫ.* 4. *kull innās bitištiki nafs iššakwa.* 5. *bāyin ɛalēhum ɛayyanīn fiɛlan.* 6. *hiyya miš gayya liʼannaha ɛayyāna.* 7. *humma gayyīn maṣrî yištaġalu hina kām sana.* 8. *kunna ɛawzīn niʼaggaṛ šaʼʼa mafrūša.* 9. *imta ḫatīgi titfaṛṛag ɛa‿ššaʼʼa?* 10. *iḫna bukṛa mumkin nišūf ilfaršî sawa.* 11. *ana muntaẓir ḫaḍritik bukṛa‿ssāɛa sabɛa bi‿llēl.* 12. *ya-táṛa hiyya tiʼdaṛ tigīb ilfaršî maɛāha?*

XVI. 1. *inta bāyin ɛalēk taɛbān ʼawi.* 2. *miš ɛārif ʼē‿ḫkaytu.* 3. *ilɛiyāl miš ɛayzīn yināmu bi‿llēl.* 4. *rigli‿btiwgaɛni‿w ṛāsi kamān.* 5. *huwwa ɛāwiz yigīb idduktūr bi-nafsu.* 6. *fī xazzān fi-kullî bēt.* 7. *ilmaraḍ da luh nafs issabab.* 8. *iḫna kullina ṣiḫḫitna‿kwayyisa.* 9. *kull innās bitištiki nafs iššakāwi.* 10. *iḫna ḫanīgi bukṛa nitfaṛṛag ɛa‿ššaʼʼa.* 11. *ḫaktiblaha tīgi titfaṛṛag ɛalēha.* 12. *ana muntaẓir ḫaḍritak [muntaẓira ḫaḍritik, muntaẓira ḫaḍritak] bukṛa‿ṣṣubḫ issāɛa ɛašaṛa .*

Übungen XII

I. 1. *irkab ʼayyî wāḫid minhum.* 2. *isʼal ʼayyî wāḫid minhum.* 3. *xudu ʼayyî wāḫid minhum.* 4. *irkabu ʼayyî waḫda minhum.* 5. *iftaḫ ʼayyî wāḫid minhum.* 6. *xuššî ʼayyî waḫda minhum.* 7. *irmīha‿f-ʼayyî wāḫid minhum.* 8. *ʼaggaṛi ʼayyî waḫda minhum.* 9. *nām fi-ʼayyî waḫda minhum.*

II. 1. *yibʼu xamasṭāšar* 2. *yibʼu talaṭṭāšar* 3. *yibʼu‿ṭnāšar* 4. *yibʼu wāḫid wi ɛišrīn* 5. *yibʼu tamanṭāšar* 6. *yibʼu‿ḫḍāšar* 7. *yibʼu sabaɛṭāšar* 8. *yibʼu aṛbaɛṭāšar* 9. *yibʼu siṭṭāšar* 10. *yibʼu talaṭṭāšar* 11. *yibʼu‿ḫḍāšar* 12. *yibʼu tisaɛṭāšar*

III. 1. *yibʼu wāḫid wi ɛišrīn* 2. *yibʼu tisɛa‿w sittīn* 3. *yibʼu tamanya‿w talatīn* 4. *yibʼu tamanya‿w ɛišrīn* 5. *yibʼu aṛbaɛa‿w tamanīn* 6. *yibʼu‿tnēn wi sittīn* 7. *yibʼu xamsa w‿aṛbaɛīn* 9. *yibʼu wāḫid w‿aṛbaɛīn* 10. *yibʼu‿tnēn wi sabɛīn* 11. *yibʼu wāḫid wi talatīn* 12. *yibʼu sabɛa‿w sabɛīn* 13. *yibʼu wāḫid wi sittīn* 14. *yibʼu xamsa‿w tisɛīn*

IV. 1. *tisɛa, tisaɛṭāšar, tisɛīn, tusɛumiyya, tisaɛ-t-alāf* 2. *talāta, talaṭṭāšar, talatīn, tultumiyya, talat-t-alāf* 3. *aṛbaɛa, aṛbaɛṭāšar, aṛbaɛīn, rubɛumiyya, aṛbaɛ-t-alāf* 4. *wāḫid, ḫiḍāšar, ɛašaṛa, miyya,* alf 5. sitta, siṭṭāšar, sittīn, suttumiyya, sitt-alāf 6. itnēn, iṭnāšar, ɛišrīn, mitēn, alfēn 7. sabɛa, sabaɛṭāšar, sabɛīn, subɛumiyya, sabaɛ-t-alāf 8. tamanya, tamanṭāšar, tamanīn, tumnumiyya, taman-t-alāf

V. 1. xamasṭāšar maṛṛa 2. iṭnāšar bint 3. ḥiḍāšar ɛilba 4. xamasṭāšar kart 5. aṛbaɛṭāšar sanya 6. talaṭṭāšar di'ī'a 7. sabaɛṭāšar sandū' 8. tisaɛṭāšar ṭābiɛ 9. siṭṭāšar bāku

VI. 1. xamasṭāšar siggāda 2. sabaɛṭāšar kursi 3. tisaɛṭāšar šakwa 4. aṛbaɛṭāšar yōm 5. tamanṭāšar šahṛ 6. talaṭṭāšar ḥitta 7. siṭṭāšar sana 8. xamasṭāšar usbūɛ 9. aṛbaɛṭāšar kuṛṛāsa

VII. ɛišrīn ṭālība [ṭalība], aṛbaɛ 'urūš, aṛbaɛṭāšar mudarris, sabɛa‿w tisɛīn šibbāk, ɛašaṛ madāris, tisaɛ sagāyir, sabaɛ t-iyyām, xamasṭāšar usbūɛ, talat sinīn, ḥiḍāšar 'ōḍa, talāta‿w talatīn sanya, sittī gawabāt, iṭnāšar maṛṛa, bintēn, xamas alwān, talaṭṭāšar kubri

VIII. 1. ba'āli talat sinīn fi-maṣr. 2. ba'āli xamas t-iyyām fi-maṣr. 3. ba'āli aṛbaɛ asabīɛ fi-maṣr. 4. ba'āli‿ṭnāšar sana‿f-maṣr. 5. ba'āli xamas šuhūr fi-maṣr. 6. ba'āli sabaɛṭāšar šahṛi‿f-maṣr. 7. ba'āli talat saɛāt fi-maṣr. 8. ba'āli xamasṭāšar yōm fi-maṣr.

IX. 1. inti ba'ālik 'addī 'ē‿mzakkima? 2. ba'alha 'addī 'ē‿f-maṣr? 3. ba'alkum 'addī 'ē‿btištaġalu f-Aswān? 4. ba'alkum 'addī 'ē‿btitfaṛṛagu ɛa‿ttilivizyōn? 5. ba'alhum 'addī 'ē mistanniyyīn? 6. ba'ālak 'addī 'ē ma-bitnamšī bi‿llēl? 7. ba'alha 'addī 'ē bitna''aṭ ṃayya? 8. ilḥanafiyya ba'alha 'addī 'ē xasṛāna? 9. ilfiyūz ba'ālu 'addī 'ē ḍārib?

X. talat t-iyyām, sabaɛ sinīn, ɛišrīn yōm, sanatēn, xamasṭāšar šahṛ, xamas šuhūr, tisaɛ asabīɛ, ḥiḍāšar usbūɛ

XI. "nach": 3,7* "vor": 4,5,9,11*
"in": 2,6,10,12* "seit": 1,8*

XII. 1. miš 'ādir ['adra] a'ūm iṣṣubḥ. 2. miš 'ādir ['adra] anām bi‿llēl. 3. miš 'ādir ['adra] atnaffis. 4. miš 'ādir ['adra] ākul ḥāga. 5. miš 'ādir ['adra] ašṛab ḥāga. 6. miš ɛārif [ɛarfa] aṣallaḥ ilxallāṭ bi-nafsi. 7. miš 'adrīn nixallaṣ šuġlina. 8. miš ɛārif [ɛarfa] amla‿ l'istimāṛa‿btaɛti. 9. miš 'adrīn nistanna‿ktīr. oder: miš 'ādir ['adra] agīb ṣaḥbi maɛāya.

XIII. 1. kuntī ɛāwiz [ɛawza] aštiri ṭawābiɛ barīd. 2. kuntī ɛāwiz [ɛawza] a'ullu ḥāga. 3. kuntī ɛāwiz [ɛawza] agaddid il'iqāma‿btaɛti. 4. kuntī ɛāwiz [ɛawza] as'al su'āl. 5. kuntī ɛāwiz [ɛawza] akallim ilmudīr. 6. kuntī ɛāwiz [ɛawza] atfaṛṛag ɛa‿kkutub. 7. kuntī ɛāwiz [ɛawza] a'aggaṛ ša''a. 8. kuntī ɛāwiz [ɛawza] agīb ṣaḥbi maɛāya. (kunna ɛawzīn ništiri ṭawābiɛ barīd usw.)

XIV. 1. bukṛa ḥabɛatlaha ilxamas bawāki. 2. iddīni aṛbaɛ ṭawābiɛ min abu talatīn 'irš wi talāta min abu xamsa w‿aṛbaɛīn 'irš. 3. ba'āli yomēn mazkūm [mazkūma]. 4. aṛbaɛ maṛṛāt fi‿lyōm 'abl il'akl. 5. axdu‿l-muddit 'addī 'ē? 6. mumkin nāxud 'ayyī 'utubīs. 7. ilɛilbitēn ḥayixlaṣu baɛdī sitt-iyyām. 8. iḥna ɛarfīn il'usṭa Ḥasan min mudda ṭawīla. 9. ilmadrasa ḥatixlaṣ baɛdī talat asabīɛ. 10. iṭṭalaba kānu lissa hina min sāɛa. 11. ḍarūri tīgi 'abl issāɛa tamanya. 12. mumkin tīgi‿f-'ayyī wa't. 13. iṛṛāgil abu bulōfar axḍar huwwa‿gganayni. 14. ya-táṛa fī sandū' busṭa hina? 15. sanadī' ilbusṭa ɛa‿ššimāl w‿inta xārig. 16. ya-táṛa alā'i‿stimaṛāt wi ṭawābiɛ *ɛandī ḫaḍritak?* 17. *'ulūli͜ lḫa'ī'a min faḍlukum!* 18. *siyadtik tiḫibbi 'ayyi lōn?* 19. *ḫāxud ilfarxa͜ lli͜ b-sitta͜ gnē͜ w nuṣṣ.* 20. *ana gayy [gayya] fi͜ l'awwil atfaṛṛag ɛa͜ ššaʼʼa.*

Übungen XIII

I. 1. *taɛāla͜ lbāb ittāni.* 2. *taɛāla͜ lmaktab ittāni.* 3. *taɛāla͜ ddukkān ittāni.* 4. *taɛāla͜ ššaʼʼa͜ ttanya.* 5. *taɛāla͜ ṣṣaydaliyya͜ ttanya.* 6. *taɛāla͜ ggaṛāš ittāni.* 7. *taɛāla͜ lxazna͜ ttanya.* 8. *taɛāla͜ lmaḫaṭṭa͜ ttanya.*

II. 1. *Swisra* 2. *Maṣr* 3. *ilmaktab* 4. *ilmadrasa* 5. *Iṭalya* 6. *ilbank* 7. *kubri͜ llamūn* 8. *ilMaɛādi* 9. *hina* 10. *ilmadrasa*

III. 1. *'ayyi͜ fyūz?* 2. *'ayyi ḫanafiyya?* 3. *'ayyi ɛagala?* 4. *'ayyi sāɛa?* 5. *'ayyi dawa?* 6. *'ayyi zaffa?* 7. *'ayyi 'utubīs?*

IV. 1. *ašūfu* 2. *ašufha* 3. *ašūfu* 4. *ašufhum* 5. *ašufhum* 6. *ašufha*

V. 1. *aṣallaḫha* 2. *aɛmilha* 3. *aẓbuṭu* 4. *axallaṣu* 5. *aḍrabu* 6. *as'alha* 7. *aḍrabhum* 8. *adfaɛu* 9. *amlāha* 10. *aggawwizha* 11. *aštirīha* 12. *ansā(h)*

VII. 1. *ma-taxdu inta!* 2. *ma-taxdīha inti!* 3. *ma-taxdu inta!* 4. *ma-taxudha inta!* 5. *ma-taxdīha inti!* 6. *ma-taxudha inta!* 7. *ma-taxdī inti!* 8. *ma-taxdūha intu!*

VIII. *baḫibbak, baḫibbik, biyḫibbūki, biyḫibbik, baḫibbukum, bitḫibbak, baḫibbik, bitḫibbīni, baḫibbak, bitḫibbini, baḫibbukum kullukum*

IX. 1. *ma-tzawwiduhūš aḫsan!* 2. *ma-tuẓbuṭuhūš aḫsan!* 3. *ma-tġayyaṛūš aḫsan!* 4. *ma-tṣallaḫuhūš aḫsan!* 5. *ma-taxduhūš aḫsan!* 6. *ma-taxdūš aḫsan!* 7. *ma-tiggawwizihūš aḫsan!* 8. *ma-t'aggaṛihūš aḫsan!* 9. *ma-tištirihūš aḫsan!*

X. *ma-ɛandīš, amṛi, zayyi baɛdu, iddīni, min faḍlik, min faḍlak, ašufhum, šufhum, zawwidhum, aẓbuṭu, zawwidu, tiġayyaṛīha, ɛalēha, fīha*

XI. *itnēn wi sabɛa min ɛašaṛa, talāta͜ w tamanya min ɛašaṛa, sabɛa w͜ itnēn w͜ aṛbaɛīn min miyya, aṛbaɛa w͜ itnēn min ɛašaṛa, itnēn wi talatīn w͜ aṛbaɛa min ɛašaṛa, xamsa͜ w ɛišrīn wi talaṭṭāšar min miyya, tisaɛṭāšar wi talāta min ɛašaṛa, ɛašaṛa͜ w wāḫid wi ɛišrīn min miyya*

XII. a) *kunt, kān, kānit, kān, kān, kunti*
b) *kunt, ma-kanšī, kānit, kānu, kān, kunt*

XIII. 1. *siyadtak kunti fēn?* 2. *ḫaḍritik ɛawza 'ē?* 3. *ḫaḍritik ḫataxdi ṣōbar?* 4. *ilbasbōr bitāɛ siyadtak ɛāwiz tagdīd.* 5. *hiyya͜ lvilla di͜ btāɛit siyadtak?* 6. *ɛaṛabiyyit siyadtik fēn?* 7. *imta ḫatxallaṣi͜ ggihāz bitāɛ ḫaḍritik?* 8. *kunti ɛawza as'al ḫaḍritak su'āl.* 9. *mumkin ḫaḍritik ti'ulīli͜ lḫammām fēn?*

XIV. 1. *timawwin* 2. *imbāriḫ* 3. *mitɛawwid [mitɛawwida]* 4. *bitāɛ* 5. *bitāɛit* 6. *ikšifli* 7. *aẓbuṭu* 8. *nā'iṣ, azawwidu* 9. *iggayy* 10. *iggihāz* 11. *maxṭūba* 12. *zaffa*

XV. 1. *iza kān issaxxān xasrān lāzim nindah li‿ssabbāk.* 2. *iza kān ilfiyūz ḍārib lāzim niġayyaru.* 3. *iza kānit ilɛarabiyya ɛaṭlāna lāzim tiwaddīha‿lwarša.* 4. *iza kānit ilḥanafiyya bitna"aṭ mayya lāzim niġayyar iggilda.* 5. *iza kuntī ɛayyān lāzim tirūḥ li‿dduktūr.* 6. *iza kānit iddinya bitmaṭṭar ḥanrūḥ issinima.* 7. *iza kuntu‿tḥibbu tiggawwizu lāzim tixallaṣu‿ggihāz il'awwil.* 8. *iza kān ma-fīš banzīn nirūḥ maḥaṭṭa tanya.* 9. *iza kānit iddinya ḍalma ḥawaṣṣalik ilbēt bi‿lɛarabiyya.* 10. *iza kunti miš mawgūda bukra ḥagīlik fi-'ayyī yōm tāni.* 11. *iza kuntī ḥatgīb ilfaršī maɛāk mumkin nišīl ilfaršī‿btaɛna.* 12. *aḥibb ašūf išša"a‿l'awwil iza kān mumkin.*

XVI. 1. *hiyya ɛawza‿tmawwin fi‿lmaḥaṭṭa.* 2. *humma‿byaxdu dayman ṣōbar tisɛīn.* 3. *iddīni‿lmuftāḥ bitāɛ ilɛarabiyya, law samaḥt.* 4. *ikšifli ɛala‿zzēt wi‿lhawa, min faḍlak!* 5. *iza kuntī miš fāhim kalāmi mumkin tis'alni.* 6. *azbuṭ ilhawa ɛala kām?* 7. *ḥaġayyar il'istibn il'usbūɛ iggayy, in šā' allāh.* 8. *'ayyī nōɛ min izzēt?* 9. *yimkin nisāfir ilMinya baɛdī bukra.* 10. *hiyya kānit ɛayyāna‿mbāriḥ.* 11. *iza kān il'igār maɛ'ūl ḥāxud išša"a.* 12. *iza kunti‿tḥibbi‿tšūfi‿lmudīr lāzim tistanni‿šwayya.*

XVII. 1. *taɛalāli‿lbēt!* 2. *fawwil, min faḍlak!* 3. *ɛayzīn nimawwin.* 4. *ma-tāxud siyadtak sukkar! ana dayman bāxud sukkar.* 5. *ma-kanūš mitɛawwidīn ɛa‿lḥarr.* 6. *ilġaṭa‿btāɛ ittank, iddihūli, min faḍlak!* 7. *ma-kanšī fī banzīn, li‿l'asaf. yimkin ḥaykūn fī banzīn bukra.* 8. *kān (fī) maɛāya talāta‿gnē.* 9. *lāzim tikšif ɛa‿lmutūr.* 10. *iza kānit ilmāyya na'ṣa zawwidha‿šwayya!* 11. *ḥaġayyar ikkawitš il'usbūɛ iggayy.* 12. *zawwid izzēt šuwayya, iza kān lāzim!* 13. *ilbulōfar da, miš ḥaštirihūlik ya Samya!* 14. *ilmaɛād da, ma-tinsahūš ya Ḥasan!* 15. *li‿l'asaf, ma-bašufkīš kitīr ya Maha.*

Übungen XIV

I. 1. *nadaht* 2. *sa'alt* 3. *ṭiliɛt* 4. *nizilt* 5. *mawwint* 6. *safirt* 7. *iddayi't* 8. *iggawwizt* 9. *simiɛt* - *simɛit, simɛu, simiɛna*

II. 1. *ruḥt* 2. *'ult* 3. *šuft* 4. *nimt* 5. *'umt* 6. *xuft* 7. *gibt* 8. *biɛt* - {*bāɛit....., biɛna......*usw.}

III. 1. *malēt* 2. *la'ēt* 3. *nisīt* 4. *mišīt* 5. *ɛaddēt* 6. *ištarēt* 7. *na"ēt* - {*na"it...., na"ēna..., na"u......., na"ēt........*usw.}

IV. 1. *xaffēt* 2. *fakkētu* 3. *xaššēt* 4. *ḥaṭṭēt* 5. *laffēt* - {*laffēna........, laffētu.......* usw.}

V. 1. *nadahit* 2. *sa'alit* 3. *širbit* 4. *safrit* 5. *iggawwizit* 6. *ištaġalit* 7. *ḥawlit* 8. *wazanit* 9. *nizlit*

VI. 1. *bāɛu* 2. *'āmu* 3. *'ālu* 4. *nāmu* 5. *xāfu* 6. *gābu* 7. *šāfu*

VII. 1. *malu* 2. *la'u* 3. *ištaru* 4. *na"u* 5. *nisyu* 6. *ɛaddu* 7. *mišyu*

VIII. 1. *ṭallaɛtu* 2. *nafaxtu* 3. *laḥamtu* 4. *baṣṣēt fī* 5. *laffetha* 6. *fakkētu* 7. *šuftu* 8. *ġayyartu* 9. *malētu* 10. *biɛtaha* 11. *ġasaltaha* 12. *ẓabaṭtaha*

IX. 1. *ištarūha* 2. *raḥūha* 3. *malūha* 4. *maḍūha* 5. *katabūha* 6. *xadūha* 7. *ɛamalūha* 8. *'aggarūha*

X. 1. *tilɛitu* 2. *ɛaddit ɛalēh* 3. *daxalu minnu* 4. *sa'alitha* 5. *ḥawwid ɛa‿ššimāl* 6. *nizlit ɛa‿lyimīn* 7. *ištarāha* 8. *maḍit* 9. *gabūha* 10. *rigɛit badri* 11. *ɛadalu* 12. *warruhūli* 13. *baɛatithāli* 14. *gabhumli* 15. *nisyitu* 16. *ẓabaṭu* 17. *ġayyarū* 18. *kašaf ɛalēha*

XI. *ḍarab, nadah, ṣallaḥ, kān, xad, nizil, ištara, la'āha, rakkibha, ištaġalit*

XII. *xisrit, kānit, idday'it, nadahit, waṣal, xašš, fakk, rakkib, xallaṣ, kān, 'āl, ittafa'u*

XIII. *ma-nimtiš, 'umt, kān, kānu, ištaku, ruḥt, xallaṣ, sa'al, 'ult, iddāni, xadt, xaffēt*

XIV. *ruḥt, sa'al, 'ult, iddēt, zawwidt, ẓabaṭu, kašaf, kānit, iddēt, mišīt*

XV. *dawwaxitni, ma-ḍaritš, baṭṭalit, šāf, fataḥ, baṣṣ, la'a, fakk, kān, sibt, ġayyar, ẓabaṭ*

XVI. *la'ēt, ruḥt, ṭallaɛ, nafaxu, la'a, dust, ṭallaɛhum, laḥam, ba'a, xallētu*

XVII. 1. *tālit yōm* 2. *ɛāšir yōm* 3. *ilyōm ilɛišrīn* 4. *tāni yōm* 5. *rābiɛ yōm* 6. *awwil marra* 7. *'āxir marra*

XVIII. 1. *hiyya miḥtāga‿lɛarabiyya 'awi innaharda.* 2. *inta lāzim tisīb ilɛarabiyya hina.* 3. *il'arbaɛ bužihāt bi-sabɛa‿gnē wi nuṣṣ.* 4. *inta gayyilna 'awwil marra* 5. *humma lāzim yaxdu‿ddawa da ɛašān yixiffu.* 6. *zurt Aḥmad fi-bētu.* 7. *tigi tāni 'āxir innahār.* 8. *ɛamalna zaffa ɛa‿ddayya' fi‿dduxla ɛašān itzaffēna fi‿lxuṭūba.* 9. *iza kunti mitɛawwid ɛa‿ssagāyir yib'a ṣaɛb innak tibaṭṭalha.*

XIX. 1. *il'uṣṭa laḥam iššambar wi ḥaṭṭu baɛdī kida fi‿ššanṭa.* 2. *dōl talat xurūm, miš wāḥid bass.* 3. *ittalat šanābir bi-sittīn ginē.* 4. *il'arbaɛ fiyuzāt kānu b-arbaɛīn ginē.* 5. *yimkin ikkablī kān sāyib.* 6. *fakkēt ikkarbaratēr lākin ma-la'etšī ḥāga.* 7. *di 'āxir marra aštiri ḥāga min ɛandak.* 8. *imbāriḥ daxalna‿nnām badri.* 9. *sibt ilmuftāḥ fi‿lbēt fi‿ddulāb illi‿f-'oḍt innōm.* 10. *ištarēt sandawitšēn wi kaltuhum.* 11. *išša''a‿lli fō' faḍya wi ma-ḥaddiš sākin fīha.* 12. *ilɛaskari‿lli ɛa‿lbāb kān ɛāwiz yišūf ilbasbōr.* 13. *fataḥt iššanṭa wi baṣṣēt fīha.* 14. *ilɛarabiyya ma-kanitšī ɛawza‿tdūr.* 15. *ḥawlit tibaṭṭal issagāyir.*

Übungen XV

I. 1. *ilmuluxiyya tamanha xamsīn 'irš.* 2. *ilxiyār tamanu‿ryāl.* 3. *ikkōsa tamanha talatīn 'irš.* 4. *ilbidingān tamanu‿gnē‿w rubɛ.* 5. *ilbaṭṭīx tamanu talatīn 'irš ikkīlu.* 6. *ilbaṭāṭis tamanha xamsīn 'irš ikkīlu.* 7. *iṭṭamāṭim tamanha‿gnē.* 8. *išša''a tamanha ɛišrīn 'alfī gnē.* 9. *ikkitāb da tamanu sabɛa‿gnē.*

II. 1. *wara'a waḥda* 2. *bidingāna waḥda* 3. *baṣala waḥda* 4. *baṭaṭsāya waḥda* 5. *mōza waḥda* 6. *'uṭāya waḥda* 7. *samaka waḥda* 8. *gambariyyāya waḥda* 9. *bēḍa waḥda*

III. 1. *mōza waḥda* 2. *mangāya waḥda* 3. *kosāya waḥda* 4. *bulṭiyyāya waḥda* 5. *ṭamaṭmāya waḥda* 6. *lamūna waḥda* 7. *warda waḥda* 8. *ḥamāma waḥda* 9. *baṭaṭsāya waḥda*

IV. 1. ḥiḍāšar lamūna 2. iṭnāšar naxla 3. iṭnāšar ba'aṛa 4. talaṭṭāšar samaka 5. xamasṭāšar šagaṛa 6. xamasṭāšar mangāya 7. talaṭṭāšar baṣala

V. 1. kām lamūna 2. kām ba'aṛa 3. kām gamūsa 4. kām bidingāna 5. kām mōza 6. kām šagaṛa 7. kām warda 8. kām bulṭiyyāya 9. kām samaka

VI. 1. šagaṛtēn talāta 2. gamustēn talāta 3. baṣaltēn talāta 4. mangaytēn talāta 5. ḥamamtēn talāta 6. baṭaṭsaytēn talāta 7. beḍtēn talāta 8. gambariyyaytēn talāta 9. namustēn talāta

VII. 1. balāš manga ba'a! 2. balāš 'ūṭa ba'a! 3. balāš baṭāṭis ba'a! 4. balāš mōz ba'a! 5. balāš lamūn ba'a! 6. balāš kōsa ba'a! 7. balāš wardi̊ ba'a! 8. balāš samak ba'a! 9. balāš bulṭi ba'a!

VIII. 1. issamak 2. 'uṭāya 3. wara' 4. burtu'ān 5. beḍāt 6. gamūsa waḥda 7. wardāt 8. baṣala 9. lamuntēn 10. bulṭiyya 11. lamūn 12. mōza 13. baṭaṭsāya 14. ba'aṛa   andere Lösungen sind möglich

IX. 1. šuwayyit 2. šuwayyit 3. šuwayya 4. šuwayyit 5. šuwayya 6. šuwayya 7. šuwayyit 8. šuwayyit 9. šuwayya

X. 1. xalli‿lbawwāb yiġsil ilɛaṛabiyya! 2. xalli‿ššaġġāla tištiri‿xḍār! 3. xalli‿ṭṭabbāx yiṭbux! 4. xalli‿ššaġġāla tiɛmil šāy! 5. xalli‿kkahṛabā'i‿yġayyaṛ ilfiyūz! 6. xalli‿lmikanīki yuẓbuṭ ilmutūr! 7. xalli‿ssabbāk yiṣallaḥ ilḥanafiyya! 8. xalli‿ṣṣaydali yiddīlak dawa! 9. xalli‿lfakahāni yiwzin ilbaṭṭīxa!

XI. 1. a'ullaha 'ē 2. aruḥlaha imta 3. aštirilhum 'ē 4. addīlu 'ē 5. ni'ulluhum 'ē 6. aktiblu 'ē 7. addilha 'ē 8. nibɛatlu 'ē 9. agiblaha 'ē

XII. 1. iɛmilli šāy! 2. ištirīli damġa! 3. iftaḥilna! 4. gibli fakka! 5. naḍḍafli‿ššibbāk! 6. fukkili! 7. na''īli ṛās tōm! 8. iɛmillina 'ahwa! 9. ibɛatli‿ssabbāk!

XIII. 1. ḥaftaḥhūlik [ḥaftaḥūlik] 2. ḥaṣallaḥhālak 3. ḥaštirihumlak 4. agibhūlak [agibūlak] 5. ḥaɛmilhalkum 6. ḥanaḍḍafhālik 7. ḥaġayyaṛhūlik [ḥaġayyaṛūlik] 8. ḥamlahūlak 9. ḥawzinhalkum 10. ḥana''ihulkum 11. ḥafukkahālak 12. ḥabɛathūlak [ḥabɛatūlak]

XIV. 1. ġayyaṛhāli 2. laffithāli 3. ištaṛahāli 4. katabithūli ~ katabitūli 5. gabuhūli 6. malenahulhum 7. fakkahāli 8. ɛamalithalna 9. ṣallaḥtulkum 10. na''uhulna 11. baɛatithulkum [baɛatitulkum] 12. ġayyaṛuhāli

XV. 1. ma-truḥlūš 2. ma-truḥilūš 3. ma-t'ullūš 4. ma-tiktibilhāš 5. ma-tiddihalhāš 6. ma-timlahalūš 7. ma-timlihalūš 8. ma-tirgaɛulhāš 9. ma-truḥulhumš 10. ma-truḥilhāš 11. ma-tiftaḥuhulūš 12. ma-tindahlūš

XVI. 1. miš ɛārif iza kān Ḥasan mawgūd walla la'. 2. miš ɛārif iza kānit il'ūṭa našfa walla la'. 3. miš ɛārif iza kān fī ɛandina baṣal. 4. miš ɛārif iza kān ittōm ṣābiḥ walla la'. 5. miš ɛārif iza kān fī baṭṭīxa a'alli̊ min xamsa kīlu. 6. miš ɛārif iza kānit ilmanga mistiwiyya. 7. kunti̊ ɛāwiz as'al iza kān mumkin nitfaṛṛag hina‿šwayya. 8. kunti̊ ɛāwiz as'al iza kunti̊ ti'daṛ tiġsilli‿lɛaṛabiyya. 9. kunti̊ ɛāwiz as'al iza kān fī dawa ɛandak ɛašān ilbard.

XVII. 1. *kān ɛandaha ṣudāɛ gāmid.* 2. *bāyin ɛandak šuwayyit anfilwanza.* 3. *mumkin siyadtak tifukkili‿gnē?* 4. *iḥna ɛawzīn itnēn kīlu mi‿ṭṭamāṭim innašfa iza kān mumkin.* 5. *kān fī 'uṭāya‿mɛaṭṭaba wi na''ēt waḥda tanya.* 6. *kulli̊ ḥāga ġilyit kida lē?* 7. *taman ilbidingān da sabɛīn 'irš.* 8. *ma-fīš baṭṭīxa fi‿ḥdūd sitta kīlu?* 9. *iḥna ɛumrina ma xadna‿lmōz minnak bi‿ttaman da.* 10. *na''ēt il'ūṭa wi‿lxuḍari wazanli‿tnēn kīlu.* 11. *hiyya xadit bardi̊‿šwayya 'aṣl iggawwi̊ kān wiḥiš imbāriḥ.* 12. *iza kān ma-fīš kōsa fi‿ssū', hāt maɛāk šuwayyit bidingān.*

XVIII. 1. *il'ūṭa di‿mfaɛɛaṣa w miš ṭāza.* 2. *awzin li-ḥaḍritak [li-ḥaḍritik] kīlu?* 3. *ma-kanši̊ fī ṭamāṭim gamda ɛašān iṣṣalaṭa.* 4. *ilbaṭāṭis ġilyit 'awi.* 5. *ilbinti̊ gābit wara'a wi laffit kulli̊ ḥāga.* 6. *ḥuṭṭ ilxuḍār kullu‿f-kīs bilastik.* 7. *iza kān il'aṣanṣēr ɛaṭlān, lāzim niṭlaɛ issalālim.* 8. *mumkin ḥaḍritak tiktibli fatūra aw tiddīni waṣl?* 9. *biɛti̊ bēti wi 'aggarti̊ ša''a.* 10. *nisīt agīb il'igār maɛāya.* 11. *ma-tinsāš tidfaɛ ilḥisāb ya‿Mḥammad!*

Übungen XVI

I. *kīs wara', sāɛa dahab, 'alam ruṣāṣ, badla ṣūf, maṣūra‿nḥās, ṭarī' asfalt, kīs naylu, iswira faḍḍa, mandīl ḥarīr, sikka ḥadīd, žakitta 'uṭn, šāl ḥarīr, timsāl alabasṭar, abrī' naḥās, katīna faḍḍa, kanaka‿nḥās, ṭa'ṭū'a alabasṭar, gazma gild, ṣaniyya‿nḥās, 'amīṣ 'uṭn*

II. 1. *timsāl alabasṭar, ittamasīl il'alabasṭar* 2. *badla ṣūf, ilbidal iṣṣūf* 3. *manadīl ḥarīr, ilmanadīl ilḥarīr* 4. *sāɛa dahab, issaɛāt iddahab* 5. *bilūza 'uṭn, ilbiluzāt il'uṭn* 6. *ṣaniyya‿nḥās, iṣṣawāni‿nnaḥās* 7. *šanṭa gild, iššunaṭ iggild* 8. *'umṣān 'uṭn, il'umṣān il'uṭn*

III. *wiššu kān abyaḍ, šaɛru kān aṣfar, ɛenē kānu zur', widnu kānit ḥamṛa, 'idē kānit bēḍa, manaxīru kānit ḥamṛa, iggallabiyya‿btaɛtu kānit xaḍra, ṭarbūšu kān aḥmar, ilfanilla‿btaɛtu kānit bēḍa, ilbilōfar bitāɛu kān bunni, il'amīṣ bitāɛu kān iswid, iggazma‿btaɛtu kānit sōda, ikkarafatta kānit zatūni, ižžakitta‿btaɛtu kānit kuḥli, ilburnēṭa‿btaɛtu kānit ṛumādi, innaḍḍāra‿btaɛtu kānit zar'a*

IV. 1. *ṣafra* 2. *ḥamṛa* 3. *xaḍra* 4. *labani* 5. *bēḍa* 6. *sōda* 7. *zar'a* 8. *burtu'āni*

V. 1. *ismaṛṛēt* 2. *iḥmaṛṛēt* 3. *ismaṛṛēna* 4. *ixḍaṛṛ* 5. *iswaddit*

VI. 1. *a'ṛab* 2. *aṭ'al* 3. *aġla* 4. *aḥla* 5. *aṣġar* 6. *ašṭar* 7. *ahamm* 8. *mu'addab aktaṛ* 9. *aɛla* 10. *mitnarfisa aktaṛ* 11. *axaff* 12. *akṛam*

VII. 1. *yaɛni‿kkōsa aġla min ilbidingān bi-xamasṭāšar 'irš.* 2. *yaɛni‿lMu'aṭṭam aɛla mi‿lburgi̊‿b-miyya‿w ɛišrīn mitr.* 3. *yaɛni Faṭma aṭwal min Samya b-aṛbaɛa santi.* 4. *yaɛni Fatḥi aṭ'al min Fawziyya‿b-ɛišrīn kīlu.* 5. *yaɛni Ṭanṭa a'ṛab min Iskandariyya‿b-miyya‿w talatīn kīlumitr.* 6. *yaɛni‿lɛaṛabiyya asṛaɛ mi‿l'aṭri̊‿b-ɛišrīn kīlumitr.*

VIII. 1. *aḥdas mudēl* 2. *aḥsan ṣūra* 3. *arxaṣ sāɛa* 4. *a'ṛab ṭarī'* 5. *axaffi̊ 'umāš* 6. *aṭwal bantalōn* 7. *akbaṛ gazma* 8. *a'alli̊ wāgib*

IX. 1. *akbaṛ* 2. *anḍaf* 3. *axaff* 4. *asṛaɛ* 5. *akbaṛ* 6. *aḥla* 7. *ašyak* 8. *aġla*

X. 1. ahammî šē 2. aḫdas mudēl 3. aṭwal nahṛ 4. awḫaš ḫāga 5. aɛla gbāl 6. aḫsan ḫāga 7. arxaṣ xuḍār 8. aġla fakha 9. azka ṭālib

XI. 1. aḫla ḫāga 2. aḫdas ḫāga 3. axaffî ḫāga 4. alṭaf ḫāga 5. ahammî ḫāga 6. aɛla ḫāga 7. ašyak ḫāga 8. aḫsan ḫāga 9. azka ṭalîba

XII. 1. aḫsan issawwa'în 2. asṛaɛ ilɛaṛabiyyāt 3. azka ṭṭalibāt 4. alṭaf ilbanāt 5. akṛam irriggāla 6. aḫarr ilmanāṭi' 7. aḫsan ilmumassilîn 8. aġla l'aḫyā

XIII. 1. ištarîtu 2. 'aṛîtu 3. warrîtu 4. ramîtu 5. 'aggaṛîtu 6. 'afalîtu 7. ġasalîtu 8. kalîtu 9. ḫabbîtu

XIV. 1. da aḫsan šē mawgūd ɛandina. 2. ruḫna Xān ilXalîli ništiri 'asāwir dahab. 3. inta aḫsan wāḫid biyikkallim ɛaṛabi. 4. nizil ilbalad yigîb issabbāk 5. 'aɛadtî ɛa kkursi astarayyaḫ. 6. nisi yi'fil bāb igginēna. 7. miš ḫatlā'i barra ḫāga aḫla min kida. 8. ma-'darš adfaɛ aktaṛ min kida. 9. da fiɛlan aḫsan matɛam mawgūd fi lQāhira. 10. nu'ɛud fi ššamsî ɛašān nismaṛṛ. 11. il'umšān il'utn aḫsan fi lḫarr. 12. huwwa kbîr ɛannina fi ssinn. 13. ma-tib'îš mutašā'îma kida! 14. ma-la'etšî ḫaddî fi lbēt. 15. mumkin ḫaddî ysaɛidni šwayya?

XV. 1. baṣḫa kullî yōm iṣṣubḫ iṣṣāɛa tamanya. 2. awwil ḫāga baɛmilha baġsil sināni. 3. ibtadēt afaṣil maɛa ttāgir. 4. binišrab iššāy bi llaban. 5. saɛāt banām idduhrî sāɛa aw saɛtēn. 6. ɛandina ḫagāt ḫatiɛgibak 'awi. 7. nazzil ittaman ! 8. ma-kanitšî ɛawza taxudha. 9. Ḥasan aṣġar fi ssinnî min 'uxtu. 10. 'aɛadit ɛala kursi tistarayyaḫ. 11. huwwa min aḫsan iddakatṛa fi lbalad. 12. a'rab ṭarî' (li lɛAtaba) min itTaḫrîr. 13. bukra ḫayibtidu yṣallaḫu lmutūr. 14. ma-ḫaddiš ɛarifni hina w ana miš ɛārif ḫadd. 15. xallîki 'aɛda min faḍlik! 16. Ḥaḍritak šuftî [Ḥaḍritik šuftî] ḫaddî fi nnādi? 17. xadit iggawāb wi 'arîtu.

Übungen XVII

I. 1. da ktîr ɛalēna. 2. di ġalya ɛalēna. 3. da wāsiɛ ɛalēna. 4. da 'ṣayyaṛ ɛalēna. 5. da ṭawîl ɛalēna. 6. da kbîr ɛalēna. 7. di kbîra ɛalēna. 8. di t'îla ɛalēna.

II. 1. iṣṣallaḫ 2. itnafax 3. izzabaṭit 4. itnaddaf 5. itġayyaṛit 6. itlaḫamit 7. itrakkibit 8. iddafaɛ

III. 1. yiṣṣallaḫ 2. yitnaddaf 3. titġayyar 4. yitfakk 5. titbāɛ 6. yitmili 7. yitxallil 8. yitsili' 9. yitfiṭiḫ 10. yitnifix 11. titnisi 12. yiddifiɛ 13. yit'ifil 14. tittākil 15. yitliḫim

IV. 1. hiyya lbadla di b-kām? 2. humma l'awlād fēn? 3. hiyya ssittî di ɛayza 'ē? 4. huwwa l'aṭrî ḫayiwṣal imta? 5. huwwa lbidingān da b-kām? 6. hiyya ṭṭamāṭim di ṭāza? 7. huwwa lfustān da b-nafs issiɛr? 8. hiyya Salwa mawgūda?

V. 1. hāt fūṭa ġēr di! 2. nišūf maḫallāt ġēr di! 3. albis fustān ġēr da. 4. nišuflina fakahāni ġēr da. 5. agiblik ma'āṣ ġēr da! 6. ɛawza waḫda ġēr di. 7. agîb kōsa ġēr di mnēn? 8. ḫan'aggaṛ ša''a ġēr di. 9. nāxud 'utubîs ġēr da.

VI. 1. ma-ɛandîš ġēr xamsa gnē. 2. ma-šuftûš ġēr marra waḫda. 3. ma-ɛagabnîš ġēr ilfustān da. 4. ma-ɛanduhumš ġēr ilma'āṣ da bass.

5. *ikkōsa‿ttixīna ma-tinfaʕš ġēr li‿lxarṭ.* 6. *miš ʕawzīn ġēr salamtak.* 7. *ma-na''etšī minhum ġēr irrufayyaʕa.* 8. *il'asʕāṛ di miš mawgūda ġēr ʕandina bass.* 9. *ilbidingān ilʕaṛūs ma-yinfaʕšī ġēr yitsili' bass.* 10. *ma-biyikkallimšī ġēr ʕaṛabi.*

VII. 1. *mi‿lfakahāni‿lli‿f-šāriʕ Ḥasan Ṣabri.* 2. *mi‿kkušk illi 'uddām issinima.* 3. *mi‿lbutīk illi gambina ʕala ṭūl.* 4. *ilʕaskari‿lli wā'if 'uddām ilbāb.* 5. *fi‿ddulāb illi‿f-'oḍt innōm.* 6. *mi‿ilbāb illi ʕa‿lyimīn.* 7. *iggirān illi fō'.* 8. *iwzinli mi‿lbidingān illi‿ byilmaʕ.* 9. *ʕayza atfaṛṛag ʕa‿lfustān illi fi‿lfitrīna.* 10. *mi‿ ṭṭamāṭim illi tinfaʕ li‿ṣṣalaṭa.* 11. *iggawāb illi waṣal innahaṛda‿ ṣṣubḥī‿f-gēbi.* 12. *mi‿kkōsa‿lli mumkin tiḥši.*

VIII. 1. *ḥāxud ilfustān illi 'istu.* 2. *fēn iggazaṛ illi gibtu mi‿ssū'.* 3. *áho da‿lmaḥall illi‿tfaṛṛagna ʕalēh imbāriḥ.* 4. *fēn ilmafatīḥ illi‿ ddethālak.* 5. *iṛṛāgil illi kuntī bakkallim maʕā kān gāṛi.* 6. *ma-la'etš ilbidingān illi kunti ʕayzā.* 7. *iddīni‿l'istimāṛa‿lli maletha.* 8. *warrīni‿ṣṣūṛa‿lli ʕamaltīha.* 9. *ittallāga‿lli ṣallaḥtaha ʕaṭlāna.* 10. *ilmaṭʕam illi‿tʕaššēna fīh imbāriḥ kuwayyis giddan.* 11. *nirgaʕ ilmaḥall illi kunna fī.*

IX. 1. *ḥāxud ilfustān illi tamanu sabʕīn ginē.* 2. *iddīni min ilfigl illi ṭaʕmu lazīz.* 3. *iddīni min ilmanga‿lli lonha zayy ilburtu'ān.* 4. *iddīni min ilbidingān illi 'umʕu xišin.* 5. *biyiʕgibni‿lfustān illi‿ kmāmu ṭawīla.* 6. *iddīni min il'umāš illi ʕaṛḍu tamanīn santi.* 7. *bafaḍḍal il'umāš illi ṃayyitu aftaḥ.*

X. 1. *badawwaṛ ʕala ṭālib ismu Ḥasan.* 2. *badawwaṛ ʕala kōsa tinfaʕ li‿lxarṭ.* 3. *badawwaṛ ʕala badla albisha fi‿lḥafla.* 4. *badawwaṛ ʕala ṭamāṭim tinfaʕ li‿ṣṣalaṭa.* 5. *badawwaṛ ʕala xuḍari ḥagtu ṭāza.* 6. *badawwaṛ ʕala‿šwayyit bamya yinfaʕu ṭabxa ḥilwa.* 7. *la'ēt ʕaṛabiyya ʕalēha‿mšannit bidingān.* 8. *aštiri bi‿lmaṛṛa filfil rūmi aḥšīh.* 9. *ya taṛa fī film innahaṛda fi‿ttilivizyōn nitfaṛṛag ʕalē?*

XI. 1. *šuftī film imbāriḥ ʕagabni xāliṣ.* 2. *ana miḥtāga šaġġāla šaṭra tiʕraf tuṭbux.* 3. *da 'awwil maḥallī‿f-Xān ilXalīli daxaltu.* 4. *kān fī ṛāgil hina sa'al ʕalēk.* 5. *la'ēt ṣaniyya‿nḥās ḥilwa‿štaretha ʕala ṭūl.* 6. *fi‿hnāk ʕaskari murūr mumkin nis'alu.* 7. *ʕandi walad tāni ʕumru‿ṭnāšar sana.* 8. *ʕanduhum bintī kamān ʕumṛaha ʕašaṛ sinīn.* 9. *ʕāwiz a'īs badla tanya ma'asha aṣġar šuwayya.* 10. *ḥanlā'i maḥallī tāni in šā' aḷḷāh ʕandu nafs ilḥāga lākin arxaṣ.*

XII. 1a+3b / 2a+5b / 3a+8b / 4a+6b / 5a+4b / 6a+10b / 7a+9b / 8a+7b / 9a+1b / 10a+2b

XIV. 1. *ana gēt fi-wa'tī ġēr munāsib.* 2. *ma-byiʕgibnīš (la) ilfustān il'aḥmaṛ wala‿l'axḍar.* 3. *ilfarawla ma-tinfaʕšī (la) titsili' wala titxallil.* 4. *miš ʕāwiz addīha l-ġērak.* 5. *ma-lūš ʕilāg ġēr il'asbirīn.* 6. *ḥaliffī‿šwayya fi‿lmaḥallāt.* 7. *ʕAmmī Ḥasan ḥagtu ṭāza dayman.* 8. *kuntī ʕāyiz [ʕayza] aṭbux maḥši‿krumb innahaṛda.* 9. *hāt ilfūṭa‿lli lonha aḥmaṛ.* 10. *ma-šuftūš ġēr maṛṛa waḥda (bass).* 11. *la'ēt ʕaṛabiyya ʕalēha ṭamāṭim ḥilwa.* 12. *inta‿w šaṭartak fi‿lfiṣāl!* 13. *iggazaṛ da miš tixīn wala‿rfayyaʕ.* 14. *tiḥibbi ma'ās nimra kām?* 15. *na''ēt ilxiyāṛ illi miš bāyit wala‿mʕaṭṭab.*

XV. 1. *mumkin a'īs ilfustān illi fi‿lfitrīna?* 2. *Siyadtik ʕayza ma'ās nimra kām?* 3. *ilfustān da wāsiʕ ʕalayya.* 4. *kuntī ʕawza nimra aṣġar.* 5. *da ma'āsi bi‿ẓẓabṭ.* 6. *mithayya'li, ilkimām ṭawīla ʕalayya.* 7. *huwwa‿b-kām il'amīṣ da?* 8. *ilmaḥall illi gambukum arxaṣ bi-ktīr.* 9. *ḥaliffī‿šwayya fi‿lmaḥallāt.* 10. *iṭṭamāṭim illi ʕand ilxuḍari ma-ʕagabitnīš.* 11. *iṭṭamāṭim illi‿štaretha‿mbāriḥ kānit miɛaṭṭaba.* 12. *ilmaḥallāt illi‿tfaṛṛagna ɛalēha kānit kullaha aġla mi‿lmaḥallī da.* 13. *ilxiyāṛ illi na''etī aktaṛ min itnēn kīlu.* 14. *tiɛṛaf wāḥid xuḍari ḥagtu ṭāza?* 15. *ilɛēš ilbāyit yittākil wi ma-yitrimīš.* 16. *aḥsan ḥagāt ḥatla'īha‿f-sū' ilɛAtaba.* 17. *ma-la'etšī la bidingān wala xaršūf.* 18. *ma-ɛandūš ḥāga ġēr baṭāṭis wi‿xyāṛ.* 19. *ma-la'enāš la tōm wala baṣal.* 20. *nit'ābil fēn?* 21. *ilɛaṛabiyya lāzim [ɛawza] titġisil.* 22. *ādi‿lxaršūf illi badawwaṛ ɛalē.* 23. *ilbidingān da ma-yinfaɛšī yitsili' wala yitxallil.*

Übungen XVIII

I. 1. *gat* 2. *ma-gāš* 3. *ḥaddīlak* 4. *iddīni* 5. *taɛāli* 6. *gum* 7. *gum, ma-gūš* 8. *iddēti* 9. *idditu* 10. *gayy [gayya]* 11. *gayya* 12. *tiddīni*

II. 1. *iddālu‿l'igāṛ* 2. *idditu‿lmuftāḥ* 3. *ḥawarrīha‿lbalad* 4. *warrāhum Xān ilXalīli.* 5. *iddā(h) ilba'šīš* 6. *fahhimtu‿lmawḍūɛ* 7. *ḥanawlu‿lmalḥ* 8. *ḥasallifu‿lmīt ginē* 9. *ɛallimu taṣlīḥ issaxxanāt*

III. 1. *iddahūlu* 2. *idditūlu [iddithūlu]* 3. *ḥawarrihalha* 4. *warrahulhum* 5. *iddahūlu* 6. *fahhimtūlu* 7. *ḥanawilhūlak* 8. *ḥaysallifhumli* 9. *ɛallimithāli* 10. *iddahūli* 11. *ḥatwarrihāli* 12. *ḥayidduhālak*

IV. 1. *miš ɛawza (la) sabġa wala 'aṣṣa.* 2. *ma-gibtiš (la) ilbaṣal wala‿ttōm.* 3. *ma-la'etūš (la) ɛand ilfakahāni wala ɛand ilxuḍari.* 4. *huwwa miš wāsiɛ ɛalayya wala ṭawīl ɛalayya.* 5. *ma-mɛīš (la) 'alam wala wara'a.* 6. *miš ɛawzīn kabrīt wala wallāɛa.* 7. *miš ḥayīgi bukṛa wala baɛdu.* 8. *miš ḥatlā'i (la) zēt wala sukkaṛ.* 9. *ilfaṛawla ma-tinfaɛšī titsili' wala titxallil.* 10. *miš ḥaddīk (la) ilmuftāḥ wala‿rruxṣa.* 11. *la Ḥasan wala Samīr.* 12. *ma-tɛašša'šī wala‿tsukk ilbāb.*

V. 1. *law nadahtī li‿lmunādi kānit ilɛaṛabiyya ma-tsara'itš [ma-kanitš ilɛaṛabiyya‿tsara'it].* 2. *law ma-sibtiš ilfarāmil sayba kānit ilɛaṛabiyya ma-tsara'itš.* 3. *law ma-sibtiš ilɛaṛabiyya maftūḥa kānit ilɛaṛabiyya ma-tsara'itš.* 4. *law rakantaha‿f-maw'af tāni kānit ilɛaṛabiyya ma-tsara'itš.* 5. *law ma-ddetš ilwalad ilmuftāḥ kānit ilɛaṛabiyya ma-tsara'itš.* 6. *law sakkēt ilbāb kānit ilɛaṛabiyya ma-tsara'itš.* 7. *law ma-rakantahāš ɛa‿nnaṣya kānit ilɛaṛabiyya ma-tsara'itš.* 8. *law kān iggaṛāš ma'fūl kānit ilɛaṛabiyya ma-tsara'itš.* 9. *law rigiɛtī badri kānit ilɛaṛabiyya ma-tsara'itš.* 10. *law šilt il'ablatīn kānit ilɛaṛabiyya ma-tsara'itš.*

VI. 1. *law kān ɛandi‿flūs, kuntī ḥaštiri ɛaṛabiyya‿gdīda.* 2. *law kān iggawwī ḥilw, kunna‿nsāfir Iskandariyya.* 3. *law kān biyikkallim ɛaṛabi‿kwayyis, kān sū' ittafāhum da ma-ḥaṣalš.* 4. *law ma-kanšī fī munādi, ma-kuntiš arkin ilɛaṛabiyya hina.* 5. *law kānit ilmaktaba maftūḥa, kuntī a'ṛa fīha kullī yōm.* 6. *law kān ɛandi wa't, kuntī ḥāgi maɛāk.* 7. *law ma-kanšī fī mitru ma-kunnāš ni'daṛ nirūḥ ilMaɛādi.* 8. *law ma-kanšī fī maw'af ma-kuntiš anzil ilbalad bi‿lɛaṛabiyya.* 9. *law ma-kanšī fī šuġl, kuntī ḥa'ɛud fi‿lbēt innahaṛda.* 10. *law kunt aɛṛaf ism ilḥaṛāmi, kuntī ballaġt ilbulīs.* 11. *law ma-sibtiš ilfaṛāmil sayba, kān ilmunādi ma-'diršī‿yzu'' ilɛaṛabiyya.* 12. *law kān ilxiyāṛ siriḥ wi ṭāza kuntī xadtu.*

VII. 1. *iza kānit ikkōsa‿txīna yib'a tinfaɛ li‿lxaṛt.* 2. *iza kānit il'ūṭa‿mɛaṭṭaba yib'a ma-tinfaɛšī salaṭa.* 3. *iza kān ilbidingān tixīn* yib'a ma-yinfaɛši̊ yit'awwaṛ. 4. iza ḥabbēt tifāṣil lāzim tikūn šāṭir. 5. iza ḥabbēti‿txallili‿bdingān lāzim taxdi‿ttixīn. 6. iza kān ilbindingān yiddi sawād yib'a bāyit wi šibiɛ bayatān. 7. iza ma-la'etši̊ xaršūf fi‿ssū' rūḥ izZamālik. 8. iza na''ēt min ilbidingān irrufayyaɛ 'awi tib'a ṭabxa ḥilwa 'awi. 9. iza la'ēti 'uṭāya‿mɛaṭṭaba mumkin tiġayyaṛīha. 10. iza‿nzilt issū' badri ḥatlā'i‿lxuḍār ṭāza.

VIII. 1. yarēt tisbuġhūli‿šwayya [tisbuġihūli]! 2. yarēt ma-tikwihulīš 'awi! 3. yarēt tiġsilhūli [tiġsilihūli]! 4. yarēt tiġayyaṛhāli‿šwayya [tiġayyaṛihāli]! 5. yarēt tiɛmilhūli [tiɛmilihūli]! 6. yarēt tiwarrihāli! 7. yarēt tinazzilu‿šwayya [tinazzilī(h)]! 8. yarēt tisaɛidni‿šwayya [tisaɛdīni]! 9. yarēt tigibli nimra aṣġar [tigibīli]! 10. yarēt tiwzinli kīlu [tiwzinīli]! 11. yarēt tiliffaha [tiliffīha]! 12. yarēt tiddīni kīs bilastik!

IX. 1. baɛdi̊ ma‿aṣḥa‿ṣṣubḥ bāxud ḥammām dāfi. 2. baɛdi̊ ma‿āxud ḥammām dāfi baġsil sināni. 3. baɛdi̊ ma‿aġsil sināni babtidi albis hidūmi. 4. baɛdi̊ ma‿albis hidūmi baḥaḍḍar ilfiṭār. 5. baɛdi̊ ma‿afṭar barūḥ iššuġl. 6. baɛdi̊ ma‿aṣrab iššāy ba'ṛa‿ggurnāḷ.

X. 1. baɛdi̊ ma‿ṣḥīt, xadti̊ ḥammām dāfi. 2. baɛdi̊ ma xadti̊ ḥammām dāfi ġasalti̊‿snāni. 3. baɛdi̊ ma ġasalti̊‿snāni ibtadēt albis hidūmi. 4. baɛdi̊ ma‿lbisti̊‿hdūmi ḥaḍḍart ilfiṭār. 5. baɛdi̊ ma‿faṭart ruḥt iššuġl. 6. baɛdi̊ ma‿šribt iššāy 'aṛēt iggurnāḷ.

XI. 1. xallaṣ iššuġli̊ 'abli̊ ma‿tṛawwaḥ! 2. ḥaddaṛ ilfiṭār 'abli̊ ma‿tāxud dušš! 3. itġadda 'abli̊ ma‿tnām! 4. ilbis 'abli̊ ma tiɛmil iššāy! 5. ifṭar 'abli̊ ma‿trūḥ iššuġl! 6. i'ṛa‿ggurnāḷ 'abli̊ ma titfaṛṛag ɛa‿ ttilivizyōn! 7. iġsil sinānak 'abli̊ ma tāxud dušš! 8. itɛašša 'abli̊ ma tirgaɛ ilbēt! 9. inzil issū' 'abli̊ ma‿tḥaḍḍar ilġada!

XII. 1. lamma ruḥt ilḥammām, ma-kanši̊ fī mayya! 2. lamma ḥaḍḍart ilfiṭār, izzabbāl xabbaṭ ɛa‿lbāb! 3. lamma ɛamalt iššāy, 'umbubt ilbutagāz fiḍyit! 4. lamma kunti̊ 'āɛid afṭar, ibtada‿ttilifōn yirinn! 5. lamma‿nzilt issillim, wi'iɛti̊‿w ɛawwaṛti̊ rigli! 6. lamma‿rkibt ilɛaṛabiyya, la'ēt ikkawitši̊ nuṣṣi̊ nāyim! 7. lamma fataḥt ikkuntakt, kānit ilɛaṛabiyya miš ɛawza‿t'ūm! 8. lamma‿nzilt ilbalad, kānit iššawāriɛ zaḥma xāliṣ! 9. lamma‿wṣilt ilmaktab, kunti̊ mit'axxaṛ xāliṣ!

XIII. 1. lamma 2. ɛalašān 3. baɛdi̊ ma 4. 'abli̊ ma 5. min ġēr ma 6. kulli̊ ma 7. awwil ma 8. maɛa 'inn 9. ɛalašān 10. badal ma 11. liḥaddi̊ ma 12. min sāɛit ma 13. zayyi̊ ma tkūn 14. zayyi̊ ma

XIV. 1. sibt ikkawafēr min ġer ma yisbuġli šaɛri. 2. ɛagabni‿lfilm maɛa 'inni ma-fhimtiš kilma. 3. zayyi̊ ma‿nta ɛārif ilmuwaṣlāt ṣaɛba‿šwayya‿f-maṣr. 4. giri‿b-surɛa zayyi̊ ma‿ykūn iggannin. 5. lāzim niġayyaṛ ikkawitš li'innu nāyim xāliṣ. 6. humma saknīn fi‿gGīza min yōm ma‿ggawwizu. 7. xallīk māši kida‿lġāyit ma tiwṣal 'āxir iššāriɛ. 8. kān huwwa‿lmudīr wa'ti̊ ma kunt ana fi‿lxārig. 9. awwil ma šafni gih yisallim ɛalayya. 10. kulli̊ ma‿as'alu‿ssu'āl da yiḥmaṛṛ. 11. lolāk inta ma-kunnāš ɛarfīn niɛmil 'ē. 12. law kunti̊ gēt badri‿šwayya kān aḥsan.

XV. 1. taɛālu hina min faḍlukum! 2. il'aṭri̊ lissa ma-waṣalš. 3. iddēt ilmunādi muftāḥ ilɛaṛabiyya. 4. ma-tiddihalhum! 5. ɛāwiz awarrīhum ilmaktaba. 6. ḥatiddīni‿lfilūs imta‿lli salliftahālak? 7. fahhimna mawḍūɛ kān gidīd ɛalēna. 8. ma-ḥaḍḍarš il'akli̊ wala‿štara xuḍār. 9. šaɛri miš lāzim yit'aṣṣi̊ wala yitsibiġ [miš ɛāwiz 'aṣṣi̊ wala sabġ]. 10. law kān ɛandi wa't, kunti̊ zurtukum. 11.

law kānit ilʿarabiyya‿tṣallaḥit, ma-kanitš ilḥadsa ḥaṣalit. 12. *lōla‿lmunādi ma-kanitš ilʿarabiyya‿tsara'it.* 13. *lamma kunna f-Rāṣ Sudr, kānit iddinya ḥarr, wi kān fī hawa‿ktīr.* 14. *la ana aʿrafha wala hiyya tiʿrafni.*

Übungen XIX

I. 1. *waddabna* 2. *nizilna* 3. *nadahna* 4. *ruḥna* 5. *'aṭaʿna‿ttazākir.* 6. *kunna mistanniyyīn, waṣal* 7. *kunna‿bnitʿašša, fāt* 8. *kunna bindardiš* 9. *ruḥna‿nnām* 10. *waṣal*

II. 1. *kunna‿bnifṭar* 2. *kunna‿bnuxrug* 3. *rikibna* 4. *itfassaḥna* 5. *itfarragna* 6. *kunna‿bnitʿašša* 7. *kunna‿bnirkab* 8. *laffēna* 9. *zurna* 10. *kunna‿bnismaʿ* 11. *kunna‿bnirgaʿ*

III. 1. *ma-kanšī‿byifṭar* 2. *ma-kanšī‿byuxrug* 3. *ma-rkibš* 4. *ma-tfassaḥš* 5. *ma-tfarragš* 6. *ma-kanšī‿byitʿašša* 7. *ma-kanšī‿byirkab* 8. *ma-laffiš* 9. *ma-zarš* 10. *ma-kanšī‿byismaʿ* 11. *ma-kanšī‿byirgaʿ*

IV. 1. *kānit ilmaḥallāt lissa ma-fataḥitš.* 2. *kānit izzibāla lissa ma-tšalitš.* 3. *kānu‿zzabbalīn lissa ma-gūš.* 4. *kānit iššawāriʿ lissa ma-nišfitš.* 5. *kānit iddinya lissa ma-ḥarraritš.* 6. *kānit ittaksihāt lissa ma-štaġalitš.* 7. *kānit ilʿarabiyya lissa ma-tġasalitš.* 8. *kān iṣṣufragi lissa ma-gāš.* 9. *kān ilgēm lissa ma-raḥš.* 10. *kān ilmu'azzin lissa ma-ddanš.*

V. 1. *naddafitha* 2. *šawitha* 3. *'alítu* 4. *gabítu* 5. *ġasalitha* 6. *kawítu* 7. *šalitha* 8. *ištarítu* 9. *nisyitu* 10. *kalitha* 11. *ramítu*

VI. 1. *yiẓhar innu rigiʿ mi‿ssafar.* 2. *ʿagīb inn ilmaʿaddiya ma-gatš.* 3. *bāyin innukum ḥatsafru maʿāna.* 4. *biyiʿgibni inn ilmaḥallāt maftūḥa bi‿llēl.* 5. *wāḍiḥ innaha kānit li-waḥdaha.* 6. *ṣaḥīḥ innī kull il'iwad maḥgūza?* 7. *ġarīb innu biyfarragna ʿala kullī ḥāga.* 8. *mamnūʿ tigi min ġēr tasrīḥ.* 9. *lāzim Faṭma ma-gatš innaharda.* 10. *ḍarūri‿zzabbalīn yišīlu kullī ḥāga.*

VII. 1. *ʿAli‿w Maḥmūd saknīn gambī baʿḍ.* 2. *Samya‿w Samīra gum maʿa baʿḍ.* 3. *Aḥmad wi‿Mḥammad kānu‿byitʿaššu maʿa baʿḍ.* 4. *Samīr wi‿Mḥammad 'ablu baʿḍī ʿa‿ssillim.* 5. *iḥna ḥanšūf baʿḍī baʿḍī bukra.* 6. *Fikri‿w ʿAli‿byištimu baʿḍ.* 7. *Sayyid wi Maḥmūd rāḥu maʿa baʿḍ.* 8. *Sayyid wi Badrī biyzakru maʿa baʿḍ.* 9. *Maha‿w Sanā xadu ʿala baʿḍ.* 10. *litnēn zayyī baʿḍ.* 11. *yaʿni yomēn wara baʿḍī samak!*

VIII. 1. *hiyya miggawwiza wāḥid almāni.* 2. *zayy illi kān biyġanni‿l-gamāʿa ṭurš.* 3. *kullī 'ōḍa fīha talāta ʿayyanīn.* 4. *huwwa miggawwiz waḥda maṣriyya.* 5. *wāḥid Ṣiʿīdi daxal maḥallī yištiri tallāga.* 6. *ʿāwiz aštiri gihāz tilivizyōn.* 7. *hāt min faḍlak kubbāya kamān!* 8. *ilfaṣlī da fīh itnēn amrikān bass.* 9. *fī wāḥid ingilīzi sākin gambina.* 10. *iḥna mistanniyyīn gamāʿa ingilīz.*

IX. 1. *fatḥu [fatḥā]* 2. *šayfu [šayfā]* 3. *māḍi [maḍya]* 4. *miṭallaʿha [miṭallaʿāha]* 5. *ġasilha [ġaslāha]* 6. *ragʿīn* 7. *gayya* 8. *wakla* 9. *šārib [šarba]* 10. *xarga*

X. 1. *biyrūḥ* 2. *šāmim [šamma]* 3. *misafra* 4. *bašūf* 5. *nāzil [nazla]* 6. *binsāfir* 7. *biyšimm* 8. *ḥāsis [ḥassa]* 9. *ṛāyiḥ [ṛayḥa]* 10. *banzil* 11. *šayfa* 12. *baḥiss*

XI. 1. *iššunaṭ waḍḍabnāha min imbāriḥ.* 2. *ilfarxa dabaḥnāha ɛala ṭūl.* 3. *ilmaṭbax ḥanaḍḍafu ḥālan.* 4. *ilṃayya di ṭaɛmaha ġarīb.* 5. *ilbaṭṭīxa di waznaha xamsa kīlu.* 6. *ilmaḥallāt diyyat asɛaṛha miš maɛ'ūla.* 7. *rīḥit ilbīra di ġarība 'awi.* 8. *ikkitāb da badawwaṛ ɛalē min zamān!*

XII. 1. *ilbaṭṭīxa di waznaha 'addi 'ē [kām kīlu]?* 2. *fustānik iggidīd lōnu 'ē?* 3. *Fawziyya ɛumṛaha kām sana?* 4. *illōḥa di ṭulha 'addi 'ē [kām santi]?* 5. *ilɛaṛabiyya kānit surɛitha 'addi 'ē?* 6. *ilɛarīs illi bitdawwaṛi ɛalē yikūn šaklu 'ē?* 7. *išša''a‿lli ɛawizha ḥaykūn 'igaṛha 'addi 'ē?* 8. *Burg ilQāhira ṭūlu [irtifāɛu] 'addi 'ē [kām mitr]?* 9. *ilbaḥri hina ɛarḍu 'addi 'ē [kām mitr]?* 10. *ittallāga‿lxamsa 'adam tamanha 'addi 'ē [kām ginē]?*

XIII. 1. *wāḥid ṣaḥibna biysāfir ilɛArīš kulli šahrēn.* 2. *ilwāḥid yiɛmil 'ē bass?* 3. *ibni‿byištaġal fi-maktab wāḥid muḥāmi.* 4. *ma-kuntiš ɛārif innukum misafrīn kāman.* 5. *ilfirāx bitgilna hina ṣaḥya.* 6. *fēn ilḥadsa‿lli ballaġtu ɛanha?* 7. *ana lissa fāṭir [faṭra] dilwa'ti.* 8.*iḥna lissa‿mṭaffiyyīn ilḥarī'a min šuwayya.* 9. *bāyin inn ilmaṭāfi‿ t'axxaṛit.* 10. *ṣaḥīḥ inni kull irriggāla zayyi baɛḍ?* 11. *lamma nirgaɛ ḥatkūn Fawziyya ġasalit ilmawaɛīn.* 12. *išša''a‿lli gambina waxdinha‿tnēn amrikān.* 13. *ma-kunnāš miḥtagīn aktaṛ min yōm wāḥid.* 14. *kunti ḥaġra' fi‿lbaḥr, lākin li-ḥusni ḥaẓẓi ṭallaɛūni minnu.*

XIV. 1. *iḥna lissa ragɛīn min Nuwaybaɛ.* 2. *ma-'ultilīš lē innak miḥtāg filūs [innik miḥtāga‿flūs].* 3. *kunti ḥaštiri‿lbadla lākin la'etha ġalya ɛalayya.* 4. *sāɛit ma‿wṣilna, kānit ilmaṭāɛim lissa ma-fataḥitš.* 5. *kunna‿bnitfaṛṛag ɛa‿ttilivizyōn lamma ḥaddi xabbaṭ ɛa‿lbāb.* 6. *iḥna miš misadda'īn innu 'āl ilḥa'ī'a.* 7. *hiyya waxda ɛala‿nnōm badri.* 8. *fi‿l'awwil Fawziyya naḍḍafit issamak, baɛdi kida ġasalítu wi baɛdi kida 'alítu.* 9. *ḥanšūf baɛdi tāni imta?* 10. *lāzim nisāɛid baɛḍ.* 11. *Sāmi iggawwiz waḥda ṣaḥbitna.* 12. *ma-kallimnahūš wala maṛṛa.* 13. *ilɛaṛabiyya kānit surɛitha 'addi 'ē?* 14. *imbāriḥ istalafti mīt ginē min wāḥid zimīl.* 15. *ilmadna di ṭulha [irtifaɛha] 'addi 'ē?* 16. *mithayya'li (innak) ma-fhimtinīš.*

Übungen XX

I. 1. *šufna Lu'ṣur kullaha 'illa Madīnit Habu.* 2. *ɛamalit kulli 'anwāɛ illaḥma illa‿kkufta.* 3. *dawwaṛti fi‿lmaṭāɛim kullaha illa‿f-Filfila.* 4. *sallimu ɛala kull iḍḍiyūf illa ɛala Ḥasan.* 5. *fihimti kulli ḥāga illa‿kkilmā-di.* 6. *da‿byifham fi-kulli ḥāga illa fi‿ṭṭabīx.* 7. *kulluhum inbaṣaṭu illa Nabīl.* 8. *ḥatlā'i kulli ḥāga illa‿lfirāx.*

II. 1. *ilmaɛhad miš ma'fūl illa yōm ilḥaddi bass.* 2. *miš nā'iṣ illa ɛašaṛa‿gnē bass.* 3. *ma-bašṛabš illa ṃayya bass.* 4. *ilmaɛaddiyya ma-btištaġalš illa bi‿nnahāṛ bass.* 5. *ma-ɛandināš illa‿frāx bass.* 6. *ma-'aɛadnāš fi-Lu'ṣur illa talat t-iyyām bass.* 7. *ma-šafūš ilmaɛbad illa min biɛīd bass.* 8. *ma-mɛīš illa xamsa‿gnē bass.* 9. *ma-tfaṛṛagnāš illa ɛala filmi wāḥid bass.* 10. *ma-šufnāš illa wādi‿lmilūk bass.*

III. 1. *ɛašaṛa miš 'addî tamanya.* 2. *ḫatu'ɛudi‿f-Aswān 'addî 'ē?* 3. *issana fīha kām yōm?* 4. *badawwaṛ ɛala‿šwayyit hadāya ɛašān ibni. - zayyî 'ē masalan?* 5. *kām ṭālib fi‿lfaṣl? - zayyî xamsa‿w ɛišrīn.* 6. *da ma-byiɛṛafšî 'aktaṛ minni, ana 'addu wi‿'dūd.* 7. *ilbaṭṭīxa waznaha xamsa kīlu, hiyya 'add ilbaṭṭīxa‿btaɛt imbāriḫ.* 8. *iddīni kām ginē!* 9. *ilmanga di ḫilwa xāliṣ, zayyî‿btaɛt imbāriḫ.*

IV. 1. *iššamsî lissa ma-ṭilɛitš.* 2. *baṭni‿btiwgaɛni.* 3. *ilmarkib illi‿rkibnāha‿mbāriḫ.* 4. *inti šayfa‿lmabna‿lɛāli da?* 5. *ilqarya‿ntaxabit ɛumda‿gdīd.* 6. *ilḫarbî lissa ma-xilṣitš.* 7. *'īdi mablūla.* 8. *il'arḍî mitbāɛa.* 9. *ɛēni ɛalēk barda.* 10. *ikkilma di laha maɛna tāni.* 11. *riglu maksūra.*

V. 1. *kānu humma ɛawzinna nu'ɛud.* 2. *kān abūha ɛawizha tiggawwiz ilɛumda.* 3. *hiyya kānit ɛawzāni āxud ilfilūs diyyat maɛāya.* 4. *iftakartik ṣaḫbit ilbēt.* 5. *iftakaṛtak ma-bitḫibbiš iššukulāṭa.* 6. *ana ɛāwiz ilɛaṛabiyya titġisil.* 7. *hiyya kānit bitiḫsibni miš mawgūd.* 8. *ɛawzāni aɛmil 'ē dilwa'ti?*

VI. 1a+3b / 2a+5b / 3a+6b / 4a+7b / 5a+4b / 6a+8b / 7a+1b / 8a+2b

VII. 1a+8b / 2a+5b / 3a+7b / 4a+2b / 5a+3b / 6a+1b / 7a+6b / 8a+4b

VIII. 1. *gatlu‿nnōba‿w huwwa‿byitɛašša.* 2. *šuftaha w‿ana batfassaḫ fi‿nnādi.* 3. *šuftu xārig w‿ana gayy.* 4. *kunna binfakkaṛ fīha w‿iḫna fi‿ggamɛa.* 5. *futna ɛala Bani‿Swēf w‿iḫna‿bnitɛašša.* 6. *'abiltuhum fi‿ssikka w‿ana ṛayḫa‿ssū'.* 7. *sa'alu ɛala‿syadtak w‿inta miš mawgūd.* 8. *ɛamaltu 'ē w‿ana ġayba?* 9. *gōzi ḫakāli kullî šē w‿iḫna‿bnišṛab iššāy.* 10. *la'ēt innî ma-fīš ruzzî fi‿lbēt w‿ana baḫaḍḍar ilġada.*

IX. 1. *biyrūḫ iššuġlî‿w huwwa‿byittāwib.* 2. *'allaha‿w huwwa‿byitriɛiš.* 3. *sallimtî ɛalēh w‿ana farḫāna.* 4. *xaṛagtî‿w maɛāya ɛišrīn ginē.* 5. *mātu‿w humma‿ṣġayyaṛīn.* 6. *simiɛnāha‿(w hiyya) bitġanni.* 7. *šufnāhum (wi humma) mašyīn fi‿ssikka.* 8. *ḫasmaɛak (w‿inta) gayy.*

X. 1. *min imbāriḫ wi huwwa ɛandu suxuniyya.* 2. *min sanatēn w‿ana baštaġal sawwā'.* 3. *ba'āli xamas šuhūr w‿ana‿f-maṣr.* 4. *min sāɛit ma‿šribt innibīt da w‿ana ɛandi‿ṣdāɛ.* 5. *min sāɛa‿w nuṣṣî w‿ana mistanniyyāki.* 6. *min sāɛit ma daxalu‿lbēt wi humma‿byitfaṛragu ɛa‿ttilivizyōn.* 7. *illaḫma ba'alha talat saɛāt wi hiyya fi‿lfurn.* 8. *min mudda ṭawīla w‿ana baḫāwil atɛallim ɛaṛabi.*

XI. 1. *maksūra* 2. *maġsūla* 3. *ma'li* 4. *mitbāɛa* 5. *mašwiyya* 6. *miwallaɛ* 7. *mitšāla* 8. *madbūḫa* 9. *maslū'* 10. *malfūfa* 11. *masdūda* 12. *mafkūk* 13. *maxṭūba* 14. *maṭfiyya* 15. *maġliyya* 16. *mi'aggaṛa*

XII. 1. *diḫk* 2. *su'āl* 3. *ṭabx* 4. *'uɛād* 5. *sahaṛ* 6. *'akl* 7. *ta'xīr* 8. *tanḍīf* 9. *fiṣāl* 10. *ittiṣāl* 11. *dabḫ* 12. *tarya'a*

XIII. 1. *wi baɛdî dabḫ ilfarxa...* 2. *wi baɛdî tanḍifha...* 3. *wi baɛdî ġasilha...* 4. *wi baɛdî šawyaha...* 5. *wi baɛdî 'akl ilfarxa...* 6. *wi baɛdî sabġ iššaɛṛ...* 7. *wi baɛdî 'aṣṣ iššaɛṛ...* 8. *wi baɛdî tawḍīb iṣṣāla...* 9. *wi baɛdî taġyīr ilfiyuzāt...* 10. *wi baɛdî dafɛ il'igāṛ...* 11. *wi baɛdî taṣlīḫ ittallāga...* 12. *wi baɛdî‿zyāṛit Sayyidna‿lḪisēn...*

XIV. 1. *ma-ḥaddiš biyšūfak lē?* 2. *kunti‿msāfir wi‿rgiɛt imbāriḥ bass.* 3. *w‿ana ṛāyiḥ Lu'ṣur futti ɛala Asyūṭ.* 4. *kunna nazlīn fi-fundu' ɛagabni 'awi.* 5. *ba'alna saɛtēn w‿iḥna wa'fīn hina.* 6. *ma-kuntiš 'ādir āgi li'inni kunti maɛzūm ɛa‿lġada.* 7. *innās bitḥibbi tiɛmil kulli 'anwāɛ il'akli fi‿lɛīd.* 8. *fi‿lɛīd ikkibīr kull innās lāzim tākul fatta‿w laḥma.* 9. *kānit ɛamla laḥma‿tkaffi sittīn šaxṣ.* 10. *ilwāḥid kal lamma šibiɛ.* 11. *ilwāḥid ṛawwaḥ baṭnu malyāna.* 12. *ana ḥamūt mi‿l'akl illi kaltu.* 13. *ana miš ɛārif arudd iggamāyil di‿zzāy!* 14. *ḥaṣallaḥlak issāɛa w‿inta wā'if.*

XV. 1. *ḥatlā'i sandū' ilbuṣṭa ɛa‿lyimīn w‿inta xārig.* 2. *iḥna maɛzumīn ɛa‿lɛaša.* 3. *istannēna‿lġāyit lamma xalti ḥaḍḍaritlina‿lġada.* 4. *aktaṛ innās bitidbaḥ fi‿lɛīd.* 5. *kānit ɛamla ruzzi‿ykaffi ɛišrīn šaxṣ.* 6. *kunna 'aɛdīn fi‿ṣṣalōn w‿iḥna bindardiš.* 7. *xallīku hina‿nnahaṛda ṭūl ilyōm.* 8. *waṣṣalūna‿lġāyit issillim.* 9. *lāzim tu'ɛudu kamān šuwayya.* 10. *w‿intu‿btitfaṛṛagu ɛa‿ttilivizyōn aḥaḍḍar ana‿lɛaša.* 11. *ɛalaḷḷa tiɛgibak.* 13. *simɛit ilɛiyāl (wi humma) biyikkallimu.* 14. *šuftak w‿inta gayy mi‿ssū'.* 15. *kalna lamma‿šbiɛna.*

GLOSSAR ARABISCH - DEUTSCH

a

a'all	weniger
a'ṛab	näher
abažūra	Nachttisch-lampe
abb (abu-), aḅḅahāt	Vater
ablatīn, -āt	Unterbrecher-kontakt
abrī', abarī'	Wasserkanne
abu 'irdān	Kuhreiher
abyaḍ	weiß
afandim	wie bitte ?
agāza, -āt	Ferien,Urlaub
agnabi, agānib	Ausländer
aġlabiyya	Mehrheit
ahamm	wichtiger
ahl	Familie
ahlan wa sahlan	willkommen
ahó, ahé, ahúm	da ist.....!
ahṛām: il-'ahṛām	die Pyramiden
alabastar	Alabaster
alāf	Tausende
alf	tausend
almanya	Deutschland
almān	Deutsche
almāni	Deutscher; deutsch
aḷḷāh	Allah
amma... fa...	was betrifft..., so...
amrīka	Amerika
amrikān	Amerikaner pl.
amrīki	amerikanisch; Amerikaner
ana	ich
anfilwanza	Grippe
anhu, anhi, anhum	welcher?
aqalliyya, -āt	Minderheit
aṛbaɛ-t-alāf	viertausend
aṛbaɛa	vier
aṛbaɛtāšaṛ	vierzehn
aṛbaɛīn = arbiɛīn	vierzig
asbaratēr (Auto)	Verteiler
asfalt	Asphalt
asmant	Zement
asmaṛ	braun
astīka	Radiergummi
Aswān	Assuan
asɛad	glücklicher
asɛāṛ sabta	feste Preise
aṣfaṛ	gelb
aṣġaṛ	kleiner
ašhaṛ	berühmter
ašiɛɛa	Strahlen
yiɛmil li w ~	jem. röntgen
aw	oder
awlād	Kinder
awrā'	Papiere (Ausweise, Dokumente)
awwalāni	erster
awwil ma	sobald, sowie
awwil maṛṛa	das erste Mal
axḍar	grün
axx (axu-), ixwāt	Bruder
aywa	ja
ayyamha	damals
azra'	dunkelblau
aẓunn inn ...	ich meine, daß...
aɛwaṛ	einäugig
aɛṣāb	Nerven
aḥmaṛ	rot
aḥsan	denn, weil, sonst
aḥsan	besser
aḥyānan	manchmal

'abadan!	niemals!
'abaḍ, yi'baḍ ḥ	verdienen (Geld)
'abl	vor (Zeitpunkt)
'abl iḍḍuhr	vormittags
'abli kida	davor
'abli ma	bevor
'abīḥ	häßlich
'adab	Anstand
'adam	Fuß (Längen-maß)
'add	gemäß, wie, so viel
'addi 'ē	wieviel? wie lange?
'addim ḥ	etw. anbieten
'adīm, 'udām	alt
'afal, yi'fil ḥ	schließen
'afaṣ, i'fāṣ	Kiste, Behälter aus → *girīd*

'aggaṛ ḥ	mieten
'agzagi, -yya	Apotheker
'agzaxāna, -āt	Apotheke
'ahāli	Einwohner pl.
'ahwa	Kaffee
'ahwa, 'ahāwi	Kaffehaus, Café
'akl	Essen
'akla	Gericht, Speise
'ala, yi'li ḥ	braten
'alam, 'alām	Schmerz
'alam, i'lām	Bleistift
'alam gāff	Kugelschreiber
'alam ruṣāṣ	Bleistift
'alam ḥibr	Füller
'alawōẓ, -āt	Schraube
'alaɛ, yi'laɛ ḥ	ausziehen (Kleider)
'alb, 'ulūb	Herz; Ventilplatte (Wasserhahn)
'alfēn	zweitausend
'alīl il'adab	frech, unverschämt
'allib ḥ	umrühren, umwerfen, wenden
'allib fi ḥ	herumwühlen
'alɛa: il'alɛa	die Zitadelle
'amal, 'amāl	Hoffnung
'amaṛ, yu'muṛ bi ḥ	befehlen
'amla, 'aml c.	Laus
'ammin ɛala ḥ	etw. versichern
'amṛ, 'awāmir	Befehl
'amṛ, 'umūr	Sache, Angelegenheit
'amḥ	Weizen
'amḥi	hellbraun
'amīr, 'umaṛa	Emir
'amīṣ, 'umṣān	Hemd
'amn	Sicherheit
'ana, 'uny	Wassergraben
'anāt isSuwēs	Suezkanal
'antīka	Antiquität
'antīka: ḥāga 'antīka	eine seltsame Sache
'arnaba, 'arānib c.	Kaninchen
'arḍiyya	Fußboden
'arīb, 'arāyib	Verwandter
'aṛa, yi'ṛa ḥ	lesen
'aṛūs	Seebarsch
'asaf	Bedauern
li‿l'asaf	leider
'asari	archäologisch
'asāṛ	Altertümer, Antiken
'aṣd	Absicht
'aṣdak 'ē?	was meinst du?
'aṣl	Ursprung; denn, nämlich
'aṣr, 'uṣūr	Schloß, Palast
'aṣriyya, 'aṣāri	Blumentopf, Nachttopf
'aṣṣ, yi'uṣṣ ḥ	schneiden
'aṣṣa	Schnitt
'aššaṛ ḥ	schälen
'aṭaɛ, yi'ṭaɛ ḥ	abschneiden, abreißen, abbrechen
'aṭaɛ, yi'ṭaɛ tazkaṛa	eine Fahrkarte lösen
'aṭr, 'uṭurāt = 'uṭúra	Zug
'aṭṭaf ḥ	abzupfen, zerpflücken
'aṭṭaɛ ḥ	zerschneiden, klein schneiden
'awāniṣ	Hühnermägen
'awi	sehr
miš 'awi	nicht besonders [gut]
'awwalan	erstens
'awwil	erster
il'awwil	zuerst
'awwil maṛṛa	das erste Mal
'axīr	letzter
'axīran	endlich, schließlich
'ayy	irgendein; welcher?
'ayyi kalām	irgendwas, x-beliebig
'ayyi xidma	zu Diensten!
'ayyi ḥadd	irgendjemand
'azma, 'azamāt	Krise
'aɛad, yu'ɛud	sitzen, bleiben
'ābil w	begegnen, jem.
'ādir	können
ana miš 'ādir	ich kann nicht
ana miš 'adra f.	
'āḍi, 'uḍā	Richter
'āl inn ...	er sagte, daß...
'āl, yi'ūl ḥ	sagen
'ām, yi'ūm	aufstehen, losfahren, starten, entstehen
'ānis w	jem. fröhliche Gesellschaft leisten
'ānísa = 'anísa, -āt	Fräulein
'ās, yi'īs ḥ	messen, anprobieren
'āsif, 'asfa, 'asfīn	tut mir leid
'ātil, 'atala	Mörder
'āxir	letzter
'āxir furṣa	letzte Gelegenheit
'āxir tamām	ganz prima
ɛa‿l'āxir	bis zum Äußersten

'āxiz w	jem. etwas übelnehmen
'āɛid	sitzend, sich aufhaltend
'ibli	südlich
'ibṛa, 'ibaṛ	Nadel
'idir, yi'daṛ ɛala ḥ	können
'idra, 'idaṛ	Tonkrug
'ifl, i'fāl	Schloß (Tür)
'ihmāl	Nachlässigkeit
'illa	Mangel
'illit 'adab	Unverschämtheit, Frechheit
'iqāma	Aufenthalt
'irba, 'irab	Wasserschlauch, Dudelsack
'ird, 'urūd	Affe
'irš, 'urūš	Piaster
'iṛāya	das Lesen
'ism, a'sām	Abteilung;
'ismi bulīs	Polizeirevier
'iṣāba, -āt	Verwundung
'iṣāl, -āt	Quittung
'išāṛit murūr	Ampel
'išṛa	Schale
il'ittiḥād issufyēti	Sowjetunion
'izāz	Glas (Material)
'izāza, 'azāyiz	Flasche
'izn	Erlaubnis
'īd, 'idēn	Hand
'ōḍa, 'iwaḍ	Zimmer
'oḍt il'aṭfāl	das Kinderzimmer
'oḍt innōm	das Schlafzimmer
'oḍt iḍḍuyūf	das Gästezimmer
'ōḍit maktab	Studierzimmer
'ōḍit sufṛa	Eßzimmer
'ubba, 'ubab	Kuppel
'ubbit šēx	Scheichsgrab
'uddamāni	vorder-
'uddām	vorn
'ugṛa	Miete, Lohn, Entgelt
'ukṛa, 'ukaṛ	Türgriff
'ul'ās	Topinambur
'ulayyil	wenig
'ulla, 'ulal	Wasserkrug
il'umam ilmuttaḥida	die Vereinten Nationen
'umāṛ	Glücksspiel
'umāš, a'miša	Stoff
'umbūba, 'anabīb	Gasflasche
'umma	Nation
'umɛ	Trichter, Fruchtstand
'uradāti, -yya	Affenführer
'urayyib min ḥ	nahe bei
'urnēk, 'aranīk	Formular, Formblatt
'urubba	Europa
'usbūɛ, 'asabīɛ	Woche
'uṣād	gegenüber
'usṛa, 'usaṛ	Familie, Dynastie
'uṣṣa	Stirnhaar
'usṭa, 'usṭawāt	Meister
'utubīs, -āt	Bus
'uṭāya, 'ūṭa c.	Tomate
'uṭn	Baumwolle
'uṭna	Wattebausch
'uṭṭ	Kater
'uṭṭa, 'uṭaṭ	Katze
'ūzi	Ziegenfleisch

b

ba''a, ba'' c.	Wanze
ba'a (Partikel)	also, denn, doch
ba'a, yib'a (Verb)	sein, werden
ba'aṛa, ba'aṛ c.	Kuh
ba'āl + Suffix	seit
ba'dūnis	Petersilie
ba'šīš	Trinkgeld
badal ma	anstatt daß
badawi, badw	Beduine
badikēr	Pediküre
badla rasmiyya	Uniform
badla, bidal	Anzug
badri	früh
bala	ohne
balad	Ortschaft, Stadt
baladi	einheimisch
balakōna, -āt	Balkon
balastik = bilastik	Plastik
kīs balastik	Plastiktüte
balaḥa, balaḥ c.	Dattel
balāš	gratis, ohne, umsonst
balāš + Infinitiv	lassen wir....! weg mit.....!
balāš + y-Impf	lassen wir.....!
balāš!	laß das!
ballaġ ḥ li‿lbulīs	anzeigen (Polizei), etw. melden, benachrichtigen
ballāɛa	Ausguß
balṭu, balāṭi	Mantel
bambi = bamba	rosa
bana, yibni ḥ	bauen
banafsigi	violett
bank, binūk = binúka	Bank,

	Sitzbank
banna, -yīn	Baumeister
banyu, -hāt	Badewanne
banzīn	Benzin
banṭalōn, -āt	Hose
barbarēz, -āt	Windschutzscheibe
bard	Kälte, Erkältung
barḍu	auch
barġūt, barāġīt	Floh
barīd gawwi	Luftpost
barīza, barāyiz	Zehnpiasterstück, -schein
barīza, barāyiz	Steckdose
baṛaka	Segen
baṛṛa	draußen, im Ausland
baṛṛād, -āt	Teekanne
basbōr, -āt	Reisepaß
baskūta	Waffel (Eis)
bass	aber, freilich, allerdings; nur
bass!	genug!
bassĭ lamma	erst wenn...; erst mal...
baṣala, baṣal c.	Zwiebel
basīṭ	einfach, unkompliziert
baṣṣ, yibuṣṣ	schauen
batrīna, -āt	Schaufenster
baṭal, abṭāl	Held
baṭaṭsāya, baṭāṭiṣ c.	Kartoffel
baṭī'	langsam
baṭn, buṭūn	Bauch
baṭṭa, baṭṭ c.	Ente
baṭṭal + Inf.	aufhören mit
baṭṭariyya, -āt	Batterie (Auto)
baṭṭāl: miš baṭṭāl	nicht übel
baṭṭīxa, baṭṭīx c.	Wassermelone
bawwāb, -īn	Hausmeister
bawwāba, -āt	Tor
baxt	Glück (Chance)
bayatān	Abgestandensein, Altsein → *bāt*
bayyāɛ, -īn	Verkäufer
baɛat, yibɛat w ḥ	schicken
baɛd	nach; in (zeitlich)
baɛd iḍḍuhr	nachmittags
baɛdĭ 'iznak	mit deiner Erlaubnis
baɛdĭ bukṛa	übermorgen
baɛdĭ kida	danach
baɛdu	übermorgen
baɛdēn	dann, später
baɛḍ	einander; einige
kullu ɛala baɛḍ	alles zusammen
baḥari	nördlich
baḥr, buḥūr	Fluß, Kanal; der Nil; das Meer
ilbaḥr il'abyaḍ	das Mittelmeer
ilbaḥr il'aḥmaṛ	das Rote Meer
bā'i	Rest
bāb, ibwāb	Tür
ḅāḅa	Papa
bāliġ fī ḥ	übertreiben
bārik fī w	jem. segnen
bāša	Pascha
bāt, yibāt, bayatān	übernachten; alt werden (Brot)
bāṭ, -āt	Achselhöhle
bāyin	anscheinend, es scheint
bāyin inn ...	es scheint, daß...
bāyin ɛalēk...	du scheinst......
bāyit	altbacken, abgestanden, sitzengeblieben
bāyiẓ	kaputt
bāẓ, yibūẓ	kaputt gehen
bāɛ, yibīɛ ḥ	verkaufen
bē	Bey
bēḍa, bēḍ c.	Ei
bēn	zwischen
bēt, biyūt	Haus
bēž	beige
bi	für (Preis); mit (mittels), durch
bi-gadd	im Ernst
bi-kullĭ surūr	mit großer Freude; mit Vergnügen
bi-sabab	aufgrund, wegen
bi-suhūla	leicht
bi-surɛa	schnell (Adv.)
bi-ṣuɛūba	mit Mühe
bi‿ktīr	viel (bei Elativ)
aḥsan bi‿ktīr	viel besser
bi‿lhana wi‿ššifa	wohl bekomm's!
bi‿llēl	abends, nachts
bi‿lmaṛṛa	auf einmal, zugleich, gleichzeitig
bi‿lɛafya	mit Gewalt; mit Müh und Not
bi‿ṛṛāḥa	langsam, ruhig, gemächlich
bi‿ẓẓabṭ	genau
bibsi	Pepsi

bidingāna, bidingān c.	Aubergine
bidingān rūmi	weiße Auberginen
bidingān ɛaṛūs	Auberginenart, lang und jung
bigiḫ	unverschämt
bilharziya	Bilharzia
bilūza, -āt	Bluse
bint, banāt	Mädchen, Tochter
birka, birak	Teich
bisiklett	Fahrrad
bistin, basātin	Zylinder
bišamill	Bechamelle
bišwēš	langsam, gemächlich
bitāɛ, bitāɛit-, bitūɛ	gehörend zu
bitillu	Kalbfleisch
bitt = bint	Mädchen
biṭari	Tierarzt
biṭā'a, -āt	Ausweis
biṭā'a tamwiniyya	Lebensmittelkarte
biɛīd, buɛād min	weit, entfernt
biḫēra, -āt	See
bīr issillim	Treppenhaus
bīr, abyāṛ	Brunnen
bīra	Bier
bu'ɛa, bu'aɛ	Fleck
bubīna	Zündspule
buftēk	Beefstück
bufē	Büfett
bukra	morgen
bulōfaṛ, -āt	Pullover
bulīs	Polizei
bulīs innagda	Überfallkommando
bulṭi, -yya	Nilbarbe (Tilapia)
bundu'iyya, banādi'	Gewehr
bunn	Kaffeebohnen
bunni‿mḫawwig	orient.. Kaffee mit Gewürzen
bunni	braun, dunkelbraun
Bur Saɛīd	Port Said
burg, ibṛāg	Turm
burhān	Beweis
burnēṭa, baranīṭ	Hut
burtu'āna, burtu'ān c.	Orange
burtu'āni	orangefarben
burṣ, ibrāṣ	Gecko
busṭa	Post
butagāz, -āt	Butangas, Gasherd
buṣṭa	Post
bužīh, -āt	Zündkerze

d

da'n, du'úna	Bart, Kinn
da, di, dōl	dieser, diese, diese
dabaḫ, yidbaḫ ḫ	schlachten
dabbāba, -āt	Panzer
dabḫa	Schlachttier
dafaɛ, yidfaɛ ḫ	bezahlen
daffāya	Heizofen
daftaṛ dawli	Carnet de passage
dahab	Gold
dahabi	golden
dahan, yidhin ḫ	streichen (Farbe)
dakaṛ, dukūṛa	Männchen
damġa, -āt	Steuermarke
daras, yidris ḫ	studieren, dreschen
darb, durūb	Pfad
dardiš	plaudern
dars, durūs	Unterrichtsstunde
daṛaga, -āt	Grad, Stufe
daṛagit ilḫaṛāṛa	Temperatur
dawa, adwiya	Medizin
dawaxān	Schwindelgefühl
dawla, duwal	Staat
dawli	international
dawša	Lärm
dawwaṛ ɛala ḫ	suchen nach
dawwax w	schwindelig machen
dawwāsa, -āt	Pedal
daxal, yidxul	eintreten, hineingehen
daxxal ḫ	hineintun
daxxan	rauchen
dayman	immer
dāfi, dafya	warm
dāra, yidāri ɛala ḫ	verbergen
dāṛ ikkutub	"Haus der Bücher" (Name der Nationalbibliothek)
dāṛ, yidūr	s. drehen; anspringen (Motor)
dās, yidūs ɛala ḫ	überfahren, treten auf
dās, yidūs ɛa‿lbanzīn	Gas geben
dāwa, yidāwi w	behandeln (med.)
dāx, yidūx	schwindlig werden
dāxil	innen, innerhalb

dāyi' w	jem. ärgern
dāyix	schwindelig
dēr, adyira	Kloster
di	diese f.
di'ī'	Mehl
di'ī'a, da'āyi'	Minute
dibbāna, dibbān c.	Fliege
dibriyāš	Kupplung
dihn	Fett
dilta: iddilta	das Delta
dilwa'ti	jetzt
dimεa	Tomatensoße
dinya	Welt, Wetter
iddinya bitmaṭṭar	es regnet
dinīs	ein Seefisch
dirāε, idriεa	Arm
diriksiyōn	Lenkrad, Steuer (Auto)
diyyat	= *di*
diḥik, yidḥak	lachen
diḥik, yidḥak εala w	jem. reinlegen, betrügen
diḥk	Lachen
dīn, adyān	Religion
dīzil	Diesel
dort ilmayya	Toilette, WC
dōr, idwār	Stockwerk; Reihe
da dōri	ich bin an der Reihe
bi‿ddōr	der Reihe nach
duġri	geradeaus
dukkān, dakakīn	Laden, Geschäft
duktūr, dakatra	Doktor, Arzt
duktūr isnān	Zahnarzt
duktūra	Ärztin
dulāb, dawalīb	Schrank
dura	Hirse
dura šāmi	Mais
dušš	Dusche
duxxān	Rauch
dūku	Lack (Auto)

ḍ

ḍaffa, ḍifāf	Ufer
ḍahr	Rücken
ḍalma	Dunkelheit
ḍarab, yiḍrab ḥ	schlagen
ḍarūri	dringend
ḍarība, ḍarāyib	Steuer (Fiskus)
ḍayyaε ḥ	verlieren
ḍaεīf, ḍuεāf	schwach
ḍāf, yiḍīf ḥ εala ḥ	hinzufügen
ḍāni	Hammelfleisch
ḍārib	durchgeschlagen (Sicherung); geplatzt sein (Rohr)
ḍāε, yiḍīε	verloren gehen
ḍēf, ḍiyūf	Gast
ḍifāf	Ufer pl.
ḍidd	gegen
ḍufr, ḍawāfir	Fingernagel
ḍuhr	Mittag
iḍḍuhr	mittags
ḍullēla	Sonnenblende

ē

ē	was?

f

fa	dann
fa'īr, fu'aṛa	arm
fadġ	Delle
faḍḍa	Silber
faḍḍal ḥ	etw. vorziehen
faḍḍi	silbern
fahhim w ḥ	verständlich machen, erklären
fakahāni, -yya	Obsthändler
fakha, fawākih	Obst
fakk, yifukk ḥ	abschrauben, auseinanderbauen, lockern; auftauen; wechseln (Geld)
fakka	Kleingeld
fakkaṛ fi ḥ, w	nachdenken über; denken an
fakkaṛ w fi ḥ	jem. an etw. erinnern
fallāḥ, -īn	Fellache, Bauer
fanilla, -āt	Unterhemd
fann, funūn	Kunst, Technik
fannān, -īn	Künstler
fanūs, fawanīs	Laterne
faransa	Frankreich
faransāwi	französisch
farawla	Erdbeeren
faraḥ, afrāḥ	Hochzeit
farmala, farāmil	Bremse
farmalit yadd	Handbremse
farmil	bremsen
farxa, firāx	Huhn
farḥān	fröhlich, froh
faṣl, fuṣūl	Abschnitt; Klassenzimmer
faṣulya	Bohnen

faṣṣ, fuṣūṣ	Brocken; Schnitz
faṣṣi tōm	Knoblauchzehe
fataḥ, yiftaḥ ḥ	aufmachen, öffnen
fatta	Gericht (Reis, Joghurt, Brot, Huhn, Soße)
fatūra, fawatīr	Rechnung
fawwil	volltanken
fayaḍān	Überschwemmung
fayda	Nutzen, Profit
fāḍi	leer
fāhim	verstanden habend
fākir	s. erinnernd
fākir inn ...	er denkt, daß...
fāriġ	leer, frei
fāṛ, firān	Maus
fāṛ, yifūr	aufkochen, aufschäumen (z.B. Milch)
fāṣil	feilschen
fāt, yifūt w	jem. davonfahren, (Zug)
fāt, yifūt ɛala ḥ	vorbeigehen vorbeikommen
fātiḥ	hell (Farbton)
fēn	wo?
fi	in; betreffend, über
fi-ḥdūd	höchstens
fi‿lmaɛād	pünktlich
fi‿lḥāla di	in diesem Fall
fiḍi, yifḍa	leer werden
fiḍil, yifḍal	übrigbleiben
fiḍil, yifḍal + Imperf.	weiter machen mit etw.
figla, figl c.	Rettich, Radieschen
fihim, yifham	begreifen; verstehen
fikra, afkāṛ	Gedanke, Idee
filfil	Pfeffer; Paprika
filfil axḍar	Paprikaschoten
filfila	Pfefferkorn
film, aflām	Film
filtir, falātir	Filter
filūka, falāyik	Segelboot (Nil)
filūs f.	Geld
fingān, fanagīn	Tasse
firīzir	Gefrierfach, -truhe
fisīx	Salzfisch
fiṣāl	das Feilschen
fitēs	Gangschaltung
fitēs ġarz	Geländegang

fitrīna, -āt	Schaufenster
fiṭār	Frühstück
fiṭir, yifṭar	frühstücken
fiyūz, -āt	Sicherung (el.)
fiɛlan	tatsächlich
fō'	oben, über, auf
full	Jasmin
fundu', fanādi'	Hotel
furga	Anschauen
furn, ifrān	Backofen; Brotbäckerei
furṣa	Gelegenheit (günstige ...)
furṣa saɛīda	beim Abschied: [das war] eine glückliche Gelegenheit
Antwort:	*ana‿l'asɛad*
furša	Bürste
fustān, fasatīn	Kleid
fusḥa, fusaḥ	Spaziergang
fūl	Saubohnen
fūṭa, fuwaṭ	Handtuch, Serviette, Wischtuch
fī	es gibt...
ma-fīš	es gibt nicht...
fīša, -āt	Stecker (el.)

g

ga = gih, yīgi	kommen
gabal, gibāl	Berg
gabbis ḥ	eingipsen
gadaɛ, gidɛān	Bursche, Kerl; "toller Kerl"
gadd	Ernst
gaddid ḥ	erneuern; verlängern (Paß, Visum)
gahhiz ḥ	vorbereiten
gahl	Unwissenheit
galā'	Rückzug
gallabiyya, galalīb	Gallabiyya (einheimisches Gewand)
galṭa fi‿lmuxx	Gehirnschlag
gamal, gimāl	Kamel
gamaɛ, yigmaɛ ḥ	sammeln
gamāl	Schönheit
gamāyil	Gunstbeweise, gute Dienste, Wohltaten
gamāɛa	Gruppe, Leute, Familie
gamb	Seite, neben
gambari	Shrimps,

	Garnelen
gamīl, gumāl	schön
gamūsa, gawamīs	Wasserbüffel
gamɛa, gamiɛāt	Universität
gamɛiyya, -āt	Staatsladen für Lebensmittel
ganayni, -yya	Gärtner
gannin w	entzücken; verrückt machen
ganūb	Süden
garabuks	Getriebe
garīda, gaṛāyid	Zeitung
garūf	Schaufel
garḥ, gurūḥ	Wunde
gaṛas, igṛās	Klingel; Glocke
gaṛāš, -āt	Garage
gaṛṛaš ḥ	in die Garage stellen
gawāb, -āt	Brief
gawāfa c.	Guaven
gawāz	Heirat
gawāz safaṛ	Reisepaß
gaww	Atmosphäre; Wetter;
gayy	kommend;
il'usbūɛ iggayy	nächste Woche
gazaṛa, gazaṛ c.	Mohrrübe
gazma, gizam	Schuhe
gazzāṛ, -īn	Metzger
gaɛān	hungrig
gāb, yigīb ḥ li w	bringen (herbei)
gāhiz	bereit, fertig
gāmid	stark, fest
gāmiɛ, gawāmiɛ	Moschee
gāri	laufend
gāṛ, girān	Nachbar
gēb, giyūb	Hosentasche
gēš, giyūš	Armee
gibna	Käse
gibs	Gips
gidd, agdād	Großvater
gidda, -āt	Großmutter
giddan	sehr
gidīd, gudād	neu
gih, yīgi w	kommen, zu jem.
gihāz, aghiza	Apparat; Gerät
gild	Haut, Leder
gilda,-āt	ein Stück Leder
ginē, -hāt	Pfund (Währung)
ginēna, ganāyin	Garten
ginent ilḥayawanāt	Zoo
giri, yigri	laufen, rennen
girīda, garāyid	Zeitung
girīda, girīd c.	Palmgerte (Zweige);
giṛām	Gramm
gism	Körper, Leib

gōla, -āt fi	Runde, Rundgang durch
gōn, giwan	Tor (Sport)
gōz, igwāz	Ehemann; Paar
gōzi	mein Mann
gullāš	Teig (für Blätterteig)
gumruk	Zoll
gunilla, -āt	Rock
guṛnān, gaṛanīn	Zeitung
gurnāḷ, gaṛanīl	Zeitung
guwwa	drinnen; in
guɛrān, gaɛarīn	Skarabäus
gūɛ	Hunger

ġ

ġada	Mittagessen
ġala, yiġli	kochen (bei 100°)
ġalaṭ	falsch, Fehler
ġalla	Getreide
ġalṭa, -āt	Fehler
ġani, aġniyya	reich
ġanna, yiġanni	singen
ġaras, yiġris	versanden (Auto)
ġar'ān fi ḥ	versunken in
ġarb	Westen
ġarbi	westlich
ġarīb inn ...	es ist seltsam, daß
ġarīb, aġṛāb	Fremder
ġarīb, ġurb	seltsam, fremd
ġasal, yiġsil ḥ	waschen
yiġsil ilmawaɛīn	spülen (Geschirr)
ġasbin ɛannu	gegen seinen Willen
ġasīl	Wäsche
ġassāla, -āt	Waschmaschine, Waschfrau
ġašš, yiġišš w.	betrügen
ġaṭa	Deckel; Tankdeckel
ġaṭṭāṣ	Taucher
ġayyaṛ ḥ	wechseln, ändern
ġazāl, ġizlān	Gazelle
ġāb, yiġīb	abwesend sein
ġāli	teuer
ġāmi'	dunkel (Farbton)
ġāmiḍ	dunkel; obskur
ġāyib	abwesend
ġāz ṭabīɛi	Erdgas
ġēm	Nebel, Dunst

ġēr	un-, anderer, außer
ġēr-manṭiqi	unlogisch
ġēr-mubāšir	indirekt
ġēr-munaẓẓam	ungeordnet, unorganisiert, unordentlich
ġēr-munāsib	unpassend
ġērak	ein anderer als du
ḥāga ġēr kida	etwas anderes
kulluhum gum ġēr Aḥmad	alle kamen außer Aḥmad
ma-ɛandīš ġēr da	ich habe keinen anderen als diesen
ġēṭ, ġiṭān	Feld
ġili, yiġla	teuer werden
ġili, yiġli	kochen (bei 100 Grad)
ġird, ġurūd	Düne
ġiri', yiġra'	untergehen
ġiyāṛ	Unterwäsche
ġuṛāb, iġriba	Rabe

h

haff, yihiff w	treffen
haltara	Fragepartikel
hamdān	erschöpft
hawa	Wind, Luft
hayyaṣ	sich vergnügen
hādi	ruhig
hāt, hāti f.	gib her! bring! hol!
hidūm	Kleider
hina	hier
hināk	dort
hiyya	sie
hudhud	Wiedehopf
hudū'	Ruhe (Lärm)
hugūm	Angriff
hulanda	Niederlande
hulandi	niederländisch; Niederländer
humma	sie
huwwa	er

i

ibn, abnā'	Söhne
ibrī', abarī'	Wasserkanne
ibtada, yibtidi ḥ oder + y-Imp.	etw. beginnen, beginnen zu
ibyaḍḍ, yibyaḍḍ	weiß werden
idāṛit iggawazāt	Passamt

idda, yiddi	geben
iddafaɛ, yiddifiɛ	bezahlt werden
iddāyi'	ärgerlich werden, s. ärgern
iḍrāb, -āt	Streik
iḍḍarab, yiḍḍirib	geschlagen werden
iftakar, yiftikir	denken, meinen
iftakar inn ...	er meinte, daß...
iggaddid	erneuert werden verlängert werden (Paß)
iggawwiz w	heiraten
ihmāl	Nachlässigkeit
ikkallim	sprechen
ikkasaf, yikkisif	verlegen werden
iksibrēs	Express
ikṣidām	Stoßstange
il'awwil	der erste; zuerst
illa	außer
illi	der, die, das (Relativpr.)
ilwāḥid	man
ilḥa'ūni!	Hilfe!
imbāriḥ	gestern
imḍa	Unterschrift
imsāk	Verstopfung
imta	wann?
inbaṣaṭ, yinbiṣiṭ	freuen, sich
ingiltirra	England
ingilīzi	Engländer, englisch
inn	daß
innahaṛda	heute
innáma	aber
insān	Mensch
inta	du m.
intabah, yintibih	aufmerksam sein
intaxab, yantaxib ḥ	wählen
inti	du f.
intixabāt	Wahlen
intu	ihr
inḍarab, yinḍirib	geschlagen werden
iqāma	Aufenthalts-, erlaubnis
iqtiṣād	Wirtschaft
irtifāɛ	Höhe
isbāt	Beweis
isbūɛ, asabīɛ	Woche
isfinga	Schwamm
ishāl	Durchfall
Iskandariyya	Alexandrien
ism, asmā' = asāmi	Name

ismaṛṛ, yismaṛṛ	braun werden
ista'bil w	empfangen
ista'zin	um Erlaubnis fragen (zum Weggehen)
istafād, yistafīd min ḥ	profitieren von
istaġna, yistaġna ɛan ḥ	entbehren
istaġṛab	s. wundern
istanna, yistanna w	warten, auf jem.
istaqāl, yastaqīl	zurücktreten
istarayyaḥ	ausruhen, sich; Platz nehmen
istarxaṣ ḥ	billig finden
istaɛmil ḥ	gebrauchen
istaḥa'' ḥ	Recht haben auf
istaḥmil	ertragen, aushalten
istāhil	verdienen (moralisch)
tistāhil	das geschieht dir recht!
isti'bāl	Empfang, Rezeption
istibn	Reserverad
istimāṛa, -āt	Formular
istiɛlamāt	Auskunft
iswadd, yiswadd	schwarz werden
iswid	schwarz, unglückselig
iswira, asāwir	Armreif
isɛāf	Erste Hilfe
iṣfaṛṛ, yiṣfaṛṛ	gelb werden
iṣṣallaḥ	repariert werden
iṣṣawwar	fotografiert werden; s. etw. vorstellen
iṣṣawwar!	stell dir vor!
iššaṛṛaf	beehrt werden
ištaka, yištiki min ḥ	klagen über
ištaka min inn ...	er klagte, daß...
ištaṛa, yištiri ḥ	kaufen
ištaġal, yištaġal	arbeiten
it'addim	angeboten werden
it'awwaṛ	ausgehöhlt werden
it'axxaṛ	s. verspäten
it'ābil	begegnen, einander
itbāɛ, yitbāɛ	verkauft werden
itfaḍḍal, -i, -u	bitte schön! (anbietend)
itfakk, yitfakk	auseinandergenommen werden
itfaṛṛag ɛala ḥ	s. etwas anschauen
itfassaḥ	spazierengehen
itġadda	zu Mittag essen
itġayyaṛ	s. verändern
itkatab	geschrieben werden
itlaff, yitlaff	eingewickelt werden
itlamm, yitlamm	s. versammeln
itmala, yitmili	gefüllt werden
itmasak, yitmisik	gepackt werden
itmašša, yitmašša	spazierengehen
itnaffis	atmen
itnarfis	nervös werden
itnasa, yitnisi	vergessen werden
itnēn	zwei
itrakkib	montiert werden
itraɛaš, yitriɛiš	zittern
itrāḍa, yitrāḍa	zustimmen
itsala', yitsili'	gekocht werden (in Wasser)
itsamma	genannt werden
itsāmiḥ	verzeihen
itṣarraf	zurechtkommen, s. zurechtfinden
itšayyik	s. chic machen, s. herrichten
itšaṛab, yitširib	getrunken werden
itšāl, yitšāl	weggetragen werden
ittafa', yittifi' ɛala ḥ	übereinkommen, s. einigen
ittarya' ɛala w	spotten über jem.
ittaṣal, yittiṣil bi w	kontaktieren, s. wenden an
ittaṣal, yittiṣil	jem. anrufen,
~ bi w fi‿ttilifōn	telefonieren mit jem.
ittākil	gegessen werden; aufgebraucht, abgenutzt werden
ittāwib	gähnen
ittāxid	weggenommen werden;
yittāxid 'igṛa'āt	Maßnahmen ergreifen
itwalad, yitwilid	geboren werden
itwaẓẓaf	angestellt werden
itxallil	eingelegt

	werden (in Essig)
itxayyil	einbilden, sich
itxāni'	mitein. streiten,
itɛallim	lernen
itɛašša	zu Abend essen
itḥaša, yitḥiši	gefüllt werden
itḥāsib	mitein. abrechnen
iṭnāšar	zwölf
iza + Perfekt	wenn
izzayy = izzāy	wie?
iẓẓabaṭ, yiẓẓibiṭ	eingestellt werden (Motor)
iɛmil maɛrūf!	sei so gut! tu mir den Gefallen!
iɛtazaṛ, yiɛtizir li ḥ	s. entschuldigen bei jem.
iḥmaṛṛ, yiḥmaṛṛ	rot werden
iḥna	wir
iḥtāg, yiḥtāg ḥ = li ḥ	benötigen, brauchen

k

kabāb	Kebab
kabbūd	Motorhaube
kabid	Leber (Organ)
kabl, -āt	Kabel
kabrīt	Streichhölzer
kaburya	Krabbe
kabša, -āt	Schöpflöffel
kaddāb, -īn	Lügner
kaddib w	Lügen strafen
kaffa, yikaffi ḥ	ausreichen für
kahṛaba	Elektrizität
kahṛabā'i	Elektriker, elektrisch
kal, yākul ḥ	essen
kalām	Rede, Worte, Angelegenheit
kalām fāriġ	leeres Gerede; Unsinn
kalb, kilāb	Hund
kalūn, kawalīn	Zylinder (Schloß)
kamān	auch, noch
kammūn	Kreuzkümmel
kanaba, -āt	Sofa
kanaka, -āt	Kaffeekännchen
kanas, yiknis ḥ	kehren
kandūz	Rindfleisch
karafatta, -āt	Krawatte
karam, yikrim w	jem. ehren; jem. gut behandeln
karawya	Kümmel
karbaratēr, -āt	Vergaser
karkadē	Karkade (Hibiskusblütentee)
kart, kurūt = kurúta	Postkarte
karīm	großzügig, edel
kasaf, yiksif w	verlegen machen
kasaṛ, yiksaṛ ḥ	brechen; Lenkrad einschlagen
kasaṛ, yiksaṛ il'išāṛa	durchfahren (bei Rot)
kasfān	verlegen
kaslān	faul
kašaf, yikšif ɛala w	jem. untersuchen (Arzt)
katab, yiktib ḥ	schreiben
katab inn ...	er schrieb, daß..
katīna, katāyin	Uhrkette
kawa, yikwi ḥ	bügeln
kawafēr	Friseur (Damen)
kawitš, -āt	Gummi, Autoreifen
kawitši guwwāni	Schlauch (Autoreifen)
kām + Sg.	wie viele?
kāmil	vollständig
kān, yikūn	sein
kātib, kuttāb	Schreiber
kibda	Leber (Essen)
kibīr, kubāṛ	groß; alt
kibīr fi‿ssinn	alt
kida	so, auf diese Weise, da-,
kidb	Lüge
kidib, yikdib	lügen
kifāya	genug
kilaks	Hupe
kilma, kalimāt	Wort
kimmiyya	Menge, Quantität
kinīsa, kanāyis	Kirche
kisib, yiksab ḥ	verdienen; gewinnen
kitāb, kutub	Buch
kitf, iktāf	Schulter
kitīr, kutāṛ	viel
kīlu, -hāt	Kilogramm; Kilometer
kīs, akyās	Beutel, Tüte
kīs balastik	Plastiktüte
kīs naylu	Plastikbeutel
kosāya, kōsa c.	Zucchini
kōka	Cola

kubbāya, -āt	Glas (Trink ~)
kubbāyit šāy	ein Glas Tee
kubri, kabāri	Brücke
kubri ɛilwi	Hochbrücke, "fly-over"
kubs	Steckkontakt
kufta	Hackfleisch am Spieß
kulān	Strumpfhose
kull	jeder, alle, ganz
kulli̊ ḫāga	alles
kulli̊ marra	jedesmal
kumm, kimām	Ärmel
kummitrāya, kummitra c.	Birne
kumudīnu	Nachtkästchen
kunyāk	Cognac
ikkurnīš	Niluferstraße
kurēk	Wagenheber
kursi, karāsi	Stuhl, Sessel
kurrāsa, kararīs	Heft
kusbān pl.	Düne(n)
kušk, ikšāk	Kiosk
kuwayyis	gut
kuzbara	Koriander
kuḫl	Augen-schminke
kuḫli	dunkelblau, blauschwarz
kūɛ, kaɛān	Ellenbogen

l

la mu'axza	bedaure, tut mir leid! Verzeihung!
la'	nein!
la''a	nein!
la'a, yilā'i	finden
la... wala...	weder... noch...
laban	Milch
labani	himmelblau
laff, yiliff ḫ	einwickeln, herumgehen, herumfahren, drehen,
laff, yiliff sagāyir	Zigaretten drehen
lahga, lahagāt	Dialekt
lamaɛ, yilmaɛ	glänzen
lamm, yilimm ḫ	aufsammeln
lamma	bis; wenn
lammaɛ, ḫ	polieren
lamba, lumaḍ	Glühbirne
lamūna, lamūn c.	Limone
lamūn 'aḍalya	Zitrone
laṭīf, luṭāf	nett
law	wenn
law samaḫt	bitte!
laxbaṭ ḫ	verwirren, durcheinander bringen
lazīz	lecker
laḫam, yilḫim ḫ	schweißen, flicken (Reifen)
laḫma	Fleisch
laḫma mafrūma	Hackfleisch
laḫma ḍāni	Hammelfleisch
lākin	aber
lāzim	notwendig
lāzim + Imperfekt: müssen	
miš lāzim + Imperfekt: nicht dürfen	
lāɛib	Spieler
lāḫiẓ ḫ	bemerken
lēh = lē?	warum?
lēl	Nacht
li	für, zu, zugunsten; haben
li‿l'asaf	leider
li'inn = li'ann	weil
li-ḫusni̊ ḫaẓẓi	zu meinem Glück
libb	Kerne
libis, yilbis ḫ	anziehen (Kleider)
liġāyit	bis
liġāyit lamma	bis daß
liġāyit ma	bis (Konj.)
liɛb	Spiel
liɛib, yilɛab ḫ	spielen
lōn, alwān	Farbe
lōri, lawāri	Lastwagen
lōḫa, -āt	Brett, Schild; Nummern-schild
lubnān	Libanon
lubnāni	libanesisch; Libanese
luġa, -āt	Sprache
lukanda, -āt	Gasthof
luṭf	Nettigkeit

m

ma	doch, aber, ja
ma'aṣṣ, -āt	Schere
ma'ašša	Besen
ma'ām	Stellung, Rang (gesellschaft-lich)
miš 'add ilma'ām	unter dem (sozialen)

	Niveau
ma'ās, -āt	Größe (Kleidung), Maß
ma'baṛa, ma'ābir	Grab
ma'fūl	geschlossen
ma'li	gebraten (Pfanne)
ma'mūṣ	eingeschnappt, "sauer"
ma'ṭūɛ	zerrissen
ma-fīš	es gibt nicht
ma-fīš māniɛ	dem steht nichts entgegen
ma-ɛalešš	macht nichts! schon gut! mach dir nichts draus!
ma-ḥaddiš	niemand
mabāḥis	Kriminalpolizei
mablūl	naß, feucht
mabna, mabāni	Gebäude
mabrūk	gesegnet
mabrūk! alfī mabrūk!	gratuliere!
mabṣūṭ	glücklich, zufrieden
mabḥūḥ: ṣōtak ~	du bist heiser
mad'ū'	zerstoßen
mada''	Piste
madām	Frau...
ilmadām	Ehefrau
madmazēl	Fräulein
madna, midan	Minarett
madrasa, madāris	Schule
ilmadrasa‿l'almaniyya	DEO, die Deutsche Evangelische Oberschule
madīna, mudun	Stadt
maḍa, yimḍi ḥ	unterschreiben
mafṛama	Fleischwolf
mafṛūm	zerrieben, gehackt (Fleisch)
mafṣal, mafāṣil	Gelenk
maglis il'umma	Parlament
magnūn	verrückt
magrūḥ	verletzt
magūr, mawagīr	Tonschüssel
maġaṣ	Bauchweh
maġrib	Sonnenuntergang, Gebetszeit zwischen 7 und 8 Uhr
ilmaġrib	Marokko
maġsūl	gewaschen
mahiyya, -āt	Gehalt
mahma	wie sehr auch..., was auch immer...
makarōna	Nudeln
makān, amkina	Platz
maksūf	verlegen
maksūr	gebrochen
maktab, makātib	Büro, Schreibtisch
maktaba,-āt	Bibliothek
makwagi, -yya	Bügler
mala, yimla ḥ	füllen, vollmachen; ausfüllen
malaff, -āt	Kurve; Akte
malik, milūk	König
malika, -āt	Königin
mallīm, malalīm	Millième (= 1/10 Piaster, heute abgeschafft)
malw	Völle, Vollsein
malyān	voll
malyūn, malayīn	Million
malḥ	Salz
mamaṛṛ, -āt	Passage (Weg)
mamnūɛ	verboten
mamnūɛ inn ...	es ist verboten, daß...
manaxīr f.	Nase
manaɛ, yimnaɛ ḥ	etw. verbieten
mandīl, manadīl	Taschentuch
mangāya, manga c.	Mango
manzal, manāzil	Ausfahrt; Abfahrt (Brücke)
manṭi'a, manāṭi'	Gegend, Region, Zone
manṭi'a ɛaskariyya	militärisches Sperrgebiet
manẓar, manāẓir	Anblick, Szene, Aussicht
maqāla, -āt	Artikel
marakbi, -yya	Bootsmann, Schiffer
maraḍ, amrāḍ	Krankheit
marbūṭ	gebunden, befestigt
markaz, marākiz	Zentrum
markib, marākib	Boot, Schiff
marṣūf	asphaltiert
marš	Anlasser
maršadēr	Rückwärtsgang
maṛabba	Marmelade
maṛṛa,-āt	Mal
kām maṛṛa	wieviel Mal?
maṛṛa tanya	nochmal
talat maṛṛāt	dreimal

tālit maṛṛa	das dritte Mal
maṛḥab bi w	willkommen
masal, amsāl	Sprichwort
masal, amsila	Beispiel
masalan	zum Beispiel
masā'	Abend
masā' ilxēr	Guten Abend!
masāfa	Entfernung
masdūd	verstopft
maslū'	gekocht (in Wasser)
masraḥ	Theater
massāḥa, -āt	Scheiben-wischer
masṭaṛa	Lineal
masūṛa, mawasīr	Rohr, Röhre
maṣarīn	Gedärme, Eingeweide
maṣfa, maṣāfi	Sieb
maṣnaɛ, maṣāniɛ	Fabrik
maṣr	Ägypten; Kairo
maṣr iggidīda	Heliopolis
maṣr il'adīma	Altkairo
maṣri	ägyptisch kairenisch
mašġūl	beschäftigt, besetzt (WC, Telefon)
mašhūr	berühmt
mašwi	gegrillt
matši kōṛa	Fußballspiel
matḥaf, matāḥif	Museum
maṭabb, -āt	Schlagloch
maṭabbi ṣināɛi	Bodenschwelle (Verkehr)
maṭara, maṭar c.	Regen
maṭābix, maṭābix	Küche
maṭāfi	Feuerwehr
maṭār, -āt	Flughafen
maṭbax	Küche
maṭbūx	gekocht
maṭlaɛ	Auffahrt (Brücke)
maṭraḥ	Platz
maṭraḥ ma	wo (Konj.)
maṭṭar, yimaṭṭar	regnen
maṭɛam, maṭāɛim	Restaurant
mawardi	Rosenwasser
mawaɛīn	Geschirr
maw'af, mawā'if	Parkplatz
mawgūd	vorhanden, anwesend
mawlūd	geboren
inta mawlūd fēn?	wo bist du geboren?
inta min mawalīd kām?	wann sind Sie geboren?
mawwaṛ	Leerlauf einlegen

mawwil	finanzieren
mawwin	tanken
mawwit	töten
mawḍūɛ, -āt	Thema
maxbūṭ	angeschlagen
maxraṭa	Wiegemesser
maxrūṭ	feingewogen, kleingeschnit-ten
maxṣūṣ	speziell
maxṭūba	verlobt
ṃayya	Wasser; Farbton
ṃayya maɛdaniyya	Mineral-wasser
mayyit,-īn	tot, Toter
mayyō, -hāt	Badeanzug, Badehose
mazkūm	verschnupft
mazla'ān	Bahnübergang
maẓbūṭ	richtig, in Ordnung; normal gesüßt (Kaffee)
maẓbūṭ kida	es stimmt so
maɛ'ūl	vernünftig, verständig
maɛa	mit, in Begleitung von
maɛa baɛḍ	miteinander, zusammen
maɛa‿ssalāma	auf Wieder-sehen
maɛaddiyya, -āt	Fähre
maɛād, mawaɛīd	Termin, Verabredung
fi‿lmaɛād	pünktlich
maɛbad, maɛābid	Tempel
maɛhad, maɛāhid	Institut
maɛla'a, maɛāli'	Löffel
maɛlumāt	Informationen
maɛmal, maɛāmil	Labor
maɛrūf	bekannt
maɛwūg	krumm, schief
maɛzūm	eingeladen
maḥall, -āt	Geschäft, Laden
maḥaṭṭa, -āt	Station, Bahnhof, Haltestelle
maḥaṭṭit il'utubīs	Bushaltestelle
maḥḍaṛ, maḥāḍir	Protokoll (Polizei)
maḥfaẓa, -āt	Brieftasche
maḥgūz	reserviert
maḥkama, maḥākim	Gericht
maḥši	gefüllt
maḥši kōsa	gefüllte Zucchini
maḥši‿krumb	Krautwickerl

maḫṭūṭ gesetzt, gelegt, gestellt
maḫw il'ummiyya Beseitigung des Analphabetismus
māl, amwāl Eigentum
mālu, malha, mālak etc. Was ist los mit ihm, ihr, dir etc.?
  mālak zaɛlān kida? warum bist du so wütend?
  wi mālu ! was ist schon dabei!
ṃāma Mama
māt, yimūt sterben
māyil schief
māši es geht, in Ordnung
mersi danke
mi'addab höflich, gebildet
mi'allim gestreift
mi'awwaṛ ausgeschnitten (Kleid)
mi'aysa Kostenvoranschlag
miba''aɛ fleckig
mibahwa' over-sized
mibaɛgaṛ plump, rundlich
midān, mayadīn Platz (Stadt)
mifakk Schraubenzieher
mifarfiš fröhlich
mifaɛɛaṣ zerquetscht, matschig
migabbis eingegipst
migaṛṛaḫ zerkratzt
miggawwiz verheiratet
migiyy das Kommen
miġayyim dunstig (Hochnebel)
  iddinya‿mġayyima es ist dunstig
mikaffi genügend
mikanīki, -yya Mechaniker
mikassaṛ zerbrochen, zerschlagen
miknasa Staubsauger
mi‿l'awwil von Anfang an
milād Geburt
milāya, -āt Bettlaken; Umschlagtuch
milli Millimeter
mimallaḫ oxydiert
min aus, von, seit, vor (Zeitraum)
  gēt hina min isbūɛ ich bin vor einer Woche hierher gekommen
  min faḍlak bitte! (verlangend)
  min hina‿w ṛāyiḫ von jetzt an
  min hina! hier entlang! diesen Weg, bitte!
  min imbāriḫ seit gestern
  min imta seit wann?
  min yomha seitdem
  min ġēr ohne
  min ġēr ma ohne daß
  min ɛenayya gerne! mit Vergnügen!
  min ɛenayya litnēn herzlich gerne!
  mi‿l'awwil von Anfang an
minawwaṛ erblüht
minēn woher?
mirāya, -āt Spiegel
miṛāti meine Frau
misa Abend
misa''aɛa eine Art Mousaka
misadda' inn... er glaubt, daß
misāfir verreist
misik, yimsik ḫ festhalten, packen, nehmen
missabbik geschmackvoll (Essen: Butterschmalz, Zwiebel)
mistanni wartend
mistarayyaḫ zufrieden, bequem
mistašfa,-yāt Krankenhaus
mistaɛgil eilig
  ana mistaɛgil ich habe es eilig
miṣaddaɛ Kopfweh habend
  ana‿mṣaddaɛ ich habe Kopfweh
miṣammim fest entschlossen
miṣfirr gelblich
miš nicht
  miš 'awi nicht besonders; mittelmäßig
  miš kida? nicht wahr?
  miš maɛ'ūl! unglaublich!
  miš maɛ'ūl kida das ist ja unglaublich!
mišaggaṛ geblümt
mišanna, -āt Brotkorb
miši, yimši laufen, weggehen
mišmiša, mišmiš c. Aprikose

mišwāṛ, mašawīr	Besorgung
mitʼimiṣ	eingeschnappt, (sauer)
mitallig	eiskalt, eingefroren
mitbāɛ	verkauft
mitfaṛṛaɛ min	abzweigend von
mithayyaʼli inn ...	mir scheint, daß...
mitnarfis	nervös
mitr	Meter; Ober (Restaurant)
mitrayyiš	reich, betucht
mitraṣṣaṣ	aufgereiht
mitru	Metro
mitšakkir = mutašakkir	danke!
mittākil	abgenutzt, verbraucht
mitēn	zweihundert
mitɛallim	gebildet, gelehrt
mitɛawwaṛ	verletzt
mitɛawwid ɛala ḥ	gewöhnt an
mitɛawwid ɛala inn ...	er ist gewöhnt, daß...
mitīn, mutān	fest
mixalfa,-āt	Übertretung (Verkehr)
miyya,-āt	hundert
mizakkim	verschnupft (sehr)
mizayyin	Friseur (Herren)
mizān, mawazīn	Waage
miɛaʼʼad	kompliziert
miɛaffin	verschimmelt
miɛallim, -īn	Meister (in einem traditionellen Beruf, z.B. Metzger, Cafetier)
miɛaṭṭab	angeschlagen, matschig (Obst)
miɛaṭṭan	verfault, verrottet
miɛda	Magen
miḥammaṛ	gebraten
miḥawwig	→ *bunn*
miḥmirr	rötlich
miḥtāg	bedürftig
miyya	hundert
mīt ṛāgil	hundert Mann
mīn	wer?
mīna, mawāni	Hafen
mōḍa	Mode
mōr	Leerlauf
mōt	Tod
mōz, mōza	Bananen
muʼaddab	höflich
ilMuʼaṭṭam	der Mokattam
muʼazzin	Muezzin
muʼlim	schmerzhaft
mubalġa	Übertreibung
mubāšir	direkt
mubilya	Möbel
mudarris, -īn	Lehrer
mudarrisa, -āt	Lehrerin
mudda	Zeitraum
li-muddit ʼaddī ʼē	für wie lange?
mudēl	Modell
mudīr, mudirīn	Direktor
mufattiš, -īn	Inspektor
mufīd	nützlich
muftāḥ, mafatīḥ	Schlüssel, Schraubenschlüssel
muftāḥ innūr	Lichtschalter
mugamla, mugamlāt	Kompliment
ilmugammaɛ	Sitz zahlreicher Behörden am *Taḥrīr*-Platz in Kairo
muhandis, -īn	Ingenieur
muhimm	wichtig
mukalma	Gespräch
mukalma tilifuniyya	Telefongespräch
muluxiyya	Gemüsejute (Corchorus olitorius), ein äg. Nationalgericht
mumassil, -īn	Schauspieler
mumassila, -āt	Schauspielerin
mumkin	möglich
munasba	Gelegenheit (Anlaß)
munaẓẓam	geordnet, organisiert
munādi,-yya	Parkwächter
munāsib	passend (Gelegenheit)
mundahiš	erstaunt
munḥana, -yāt	Kurve
muqaṛṛaṛ	Lehrplan
murattab, -āt	Gehalt
murgān	Koralle
muršid, -īn	Führer, Guide
murūr	Verkehr
ilmurūr wāʼif	Verkehrsstau
murīḥ	bequem
musaɛda	Hilfe
musaɛdīn pl.	Stoßdämpfer
musmāṛ, masamīr	Nagel
mustašfa, -yāt f.	Krankenhaus
mustaɛmal	gebraucht

muṣāb, -īn	verwundet
ilmuṣrān il'aɛwaṛ	der Blinddarm
mušadda	Streiterei
mušammaɛ	Wachstuch
muškila, mašākil	Problem
mutafarriɛ min	abzweigend von
mutašakkir	danke!, dankbar
mutūr, -āt	Motor
muwaṣlāt	Verkehrsmittel
muwaẓẓaf	Beamter, Angestellter
muwaẓẓaf bank	Bankangestellter
muwāfi'	einverstanden
muwāzi	parallel zu
muwāzi‿kkurnīš	parallel zur Corniche
muxabaṛāt	Geheimdienst
muxx	Gehirn
muẓahaṛāt	Demonstrationen
muɛamla	Behandlung
muɛaskaṛ, -āt	Camp
muɛẓam	die meisten
muɛẓam innās	die meisten Leute
muḥafáẓa, -āt	Gouvernorat
muḥāfiẓ	Gouverneur
muḥāmi, -yyīn	Rechtsanwalt
muḥtall	besetzt (Land)
mūlid, mawālid	Geburtstagsfest (Heilige); Trubel
mūsim, mawāsim	Jahreszeit, Saison

n

na'aɛ, yin'aɛ ḥ	einweichen
na'āwa	Aussuchen
na''a, yina''i ḥ	aussuchen
na''aṭ	tröpfeln
na''aṭ bi ḥ	beitragen (finanziell bei Festen)
nabāt, -āt	Pflanze
nabāti	pflanzlich, vegetarisch; Margarine
nabi, anbiya	Prophet
nadah, yindah li w	rufen
naḍḍaf ḥ	sauber machen
naḍḍāra, -āt	Brille
nafa', anfā'	Unterführung; Tunnel
nafax, yunfux ḥ	aufblasen, blasen
nafaṛ, infāṛ	Person
nafaɛ, yinfaɛ w	nützen
naffaḍ ḥ	abstauben
nafs	gleich, selbst, derselbe
nafs, nufūs	Seele
nagafa, nagaf c.	Kronleuchter
nahāṛ	Tag (hell)
nahṛ, anhāṛ	Fluß
nakkit, yinakkit	Witze erzählen
namla, naml c.	Ameise
namliyya, -āt	Küchenschrank
nammaṛ ḥ	nummerieren
namusiyya, -āt	Moskitonetz
namūsa, namūs c.	Mücke
narfis	nevös machen
nasl	Nachkommenschaft
naṣr	Sieg
naṣya, nawāṣi	Straßenecke
naššāl, -īn	Taschendieb
naššin ɛala ḥ	zielen auf, direkt auf etwas zugehen
naṭṭ, yinuṭṭ	springen, hüpfen
nawāṛ	Blüte
nawwaṛ ḥ	erleuchten
nawwim w	einschlafen lassen
naxla, naxl c.	Dattelpalme
naylun	Nylon
nazla šuɛabiyya	Bronchitis
nazzil ḥ	nachlassen (Preis), hinunterbringen, -lassen
nazzilni hina!	laß mich hier aussteigen!
naɛam?	wie bitte?
naɛl, niɛāl	Sandale
naḥās = niḥās	Kupfer
naḥla, naḥl c.	Biene
naḥya, nawāḥi	Seite, Richtung
nā'a, nū'	Kamelstute
nā'iṣ	fehlend; minus
nādi, andiya	Klub
nām, yinām	schlafen
nāṛ, niṛān	Feuer
nāšif	trocken, fest,
nās	Leute
nāwil w ḥ	reichen
nāyim	schlafend; platt (Reifen)
nāzil	aussteigend
inta nāzil fēn?	Wo bist du abgestiegen? (Hotel)

nāɛim	fein (gemahlen), weich
nibīt	Wein
niḍīf, nuḍāf	sauber
nifs	Lust, Appetit
nimra, nimaṛ	Nummer
innimsa	Österreich
nimsāwi	österreichisch; Österreicher
nisi, yinsa ḥ	vergessen
nisi inn ...	er vergaß, daß...
nisr	Adler
nišif, yinšaf	trocknen
nitāya, niti	Weibchen
nizil, yinzil	aussteigen, herunterkommen, hinuntergehen,
niẓām	Ordnung, Organisation
nōba, -āt	Anfall
nōbit 'alb	Herzanfall
nōm	Schlaf
nōɛ, anwāɛ	Art, Sorte
nu'ṭit murūr	Polizeiposten (Landstraße)
nukati	witzig
nukta, nukat	Witz
nuṣṣ, inṣāṣ	Hälfte
nuṣṣi sāɛa	eine halbe Stunde
nuṣṣi nuṣṣ	halb und halb, so olala
nūr, anwāṛ	Licht

q

qarn	Jahrhundert
qarya, quṛa	Dorf
qawāɛid ilmurūr	Verkehrsregeln

r

ra'aba	Hals
ra'y, aṛā'	Ansicht, Meinung
ra'īs ilwuzaṛā'	Ministerpräsident
ra'īs, ru'asā'	Präsident
rabīɛ	Frühling
radd, yirudd ɛala w	jem. antworten,
radd, yirudd ḥ	zurückgeben
radyatēr	Kühler
raggaɛ ḥ	zurückgeben, sich übergeben
raġm	trotz
rakan, yirkin ḥ	parken
rakkib, tarkīb	montieren
raml	Sand
rann, yirinn	klingeln (Tel.)
raqam	Ziffer, Nummer
rasmi	offiziell
raṣraṣ ilɛagala	auswuchten (Autorad)
raṣṣ, yiruṣṣ ḥ	aufreihen
raṣīf, riṣífa	Bahnsteig, Bürgersteig
rayyis, ruyasa	Chef; Kapitän; Ober
rākib, rukkāb	Fahrgast, Passagier
riḍi, yirḍa ɛala ḥ	einwilligen, zustimmen
rigāli	Herren-
rigiɛ, yirgaɛ	zurückgehen, zurückkehren
rigl, riglēn	Fuß
riġīf, irġifa	Brotfladen
rikib, yirkab ilḥuṣān	reiten (Pferd)
rikib, yirkab ḥ	besteigen, fahren mit, reiten
rimš, rumūš	Wimper
rismāl	Kapital
rist	Rasthaus
rixīṣ	billig
riyāl, -āt	20 Piaster:
riḥla, raḥalāt	Reise
rīf, aryāf	Land (Stadt)
rīfi	ländlich
rīḥa	Geruch, Duft
ru'ā'	eine Art Blätterteig
rubɛ	Viertel
rubɛi sāɛa	Viertelstunde
issāɛa ɛašaṛa‿lla rubɛ	es ist ~ vor zehn (Uhr)
talat t-irbaɛ	drei Viertel
rubɛumiyya	vierhundert
rufayyaɛ	dünn
rugūɛ	Rückkehr
rukba, rukab	Knie
rustu	Braten
ruṣāṣ	Blei
ruṣāṣi	bleigrau
rušitta, -āt	Rezept
ruxṣa	Zulassung (Auto)
ruxṣa dawliyya	internationaler Führerschein
ruxṣit ilqiyāda	Führerschein
ruxṣit ilɛaṛabiyya	Kfz-Schein

ruxṣit issiwā'a	Führerschein
ruzz	Reis
rūmi	griechisch
rūs	Russen
rūsi	russisch, Russe

ṛ

ṛa'y, aṛā'	Ansicht, Meinung
ē ṛa'yak?	was meinst du?
ṛabb	Herr (Gott)
ṛadd, yirudd ḥ	etw. zurückgeben; antworten
ṛaff, rufūf = urfuf	Regal
ṛafṛaf	Kotflügel
ṛawwaḥ	nach Hause gehen
ṛaḥḥab bi w	willkommen heißen
ṛāgil, riggāla	Mann
ṛās, rūs	Kopf
ṛās tōm	Knoblauchknolle
ṛāyiḥ gayy	hin und zurück
ṛāḥ, yirūḥ ḥ	gehen nach, weggehen, hingehen
ṛāḥa	Ruhe (ausruhen)
ṛu'ā'	Blätterteig, gefüllt mit z.B. Hackfleisch
ṛumād	Asche
ṛumādi	grau

s

sa''a, -yīn	Wasserträger
sa''af	klatschen
sa'a, yis'i ḥ	bewässern, Wasser geben
sa'al, yis'al w ɛan ḥ	fragen
sa'f	Decke
sa'ya, sawā'i	Wasserrad, Schöpfrad
sabab, asbāb	Grund, Ursache
sabarsāya, sabāris	Zigarettenkippe
sabat, yisbit ḥ	beweisen
sabaġ, yusbuġ ḥ	färben
sabaɛ t-alāf	siebentausend
sabaɛtāšar	siebzehn
sabānix f.	Spinat
sabbāk, -īn	Klempner
sabġa	Farbe, Färbung
sabɛa	sieben
sabɛīn	siebzig
sadda' w ḥ	glauben
safaṛ	Reise
sahṛa	Abendunterhaltung
sakk, yisukk ḥ	verschließen, zusperren
sal'	Mangold
sala', yislu' ḥ	kochen, abkochen
salām	Frieden
salāma	Heil, Gesundheit
maɛa‿ssalāma	auf Wiedersehn
ḥamdilla ɛa‿ssalāma	gottlob sind wir, seid ihr gesund zurück!
salīm, sulām	in Ordnung, heil, gesund
sallif w ḥ	jem. et. leihen
sallim w ḥ	jem. et. liefern, übergeben, aushändigen
sallim ɛala w	jem. grüßen
sallimli ɛalē(h)	grüß ihn von mir! (Antwort: *yiwṣal!*)
samaka, samak c.	Fisch
samaḥ, yismaḥ li w ḥ	jem. etwas erlauben
samīk	dick, stark (z.B. Brett)
samkari, -yya	Autoklempner
samma, yisammi w ḥ	nennen, Namen geben
sammim w	vergiften
samna	Butterschmalz
sana, sinīn = sanawāt	Jahr
sandaṛa	Abstellraum
sandū', sanadī'	Kasten, Truhe, Kiste
santi	Zentimeter
sanya, sawāni	Sekunde
sara', yisra' ḥ	stehlen
saraḥ, yisraḥ	zur Arbeit gehen
sarīɛ	schnell (Adj.)
saṛāya, -āt	Palast, Serail
issaṛāya‿ṣṣafra	Irrenhaus, Klapsmühle
sawa	zusammen
sawābi'	Vorstrafe
sawād	schwarze Farbe
sawwā', -īn	Fahrer, Chauffeur
sawwā' taks	Taxichauffeur
saxxan ḥ	erhitzen
saxxān, -āt	Durchlauferhi-

	tzer, Boiler
sayyaḥ ḥ	schmelzen etw.
sayyid, sāda	Herr
sayyida, -āt	Frau, Dame
Sayyidna‿lḤisēn	bekannter Heiliger und Moschee beim Xān ilXalīli
saεāda	Glück
saεitha	seinerzeit, damals
saεīd, suεād	glücklich
saḥāb	Wolken
sā', yisū'	fahren
sā'iε	kalt
ḥāga sa'εa	Limo, nicht-alkoholisches kaltes Getränk
sā'iḥ, suwwāḥ	Tourist
sāb, yisīb w	verlassen, zurücklassen
sābit	fest
sāda	einfarbig; ohne Zucker (Kaffee)
sāfir, yisāfir	reisen, verreisen
sāġ	Piaster
sākit	schweigend
sāmiḥ w	verzeihen
sāwa, yisāwi	entsprechen
sāyib	lose, locker
sāyil	flüssig
sāyil, sawāyil	Flüssigkeit
sāεa, -āt	Stunde, Uhr
sāḥ, yisīḥ	schmelzen
sēr	Keilriemen
sidēri, sadāri	Weste
sigāṛa, sagāyir	Zigarette
siggāda, sagagīd	Teppich
sihir, yishaṛ	aufbleiben (nachts), den Abend verbringen
sikirtēra, -āt	Sekretärin
sikit, yiskut	schweigen
sikka, sikak	Weg
issikka‿lḥadīd	Eisenbahn
sikkīna, sakakīn	Messer
silim, yislam	heil sein
silk, aslāk	Draht
sillim, salālim	Treppe
sillima	Stufe
simiε, yismaε ḥ	hören
simiε inn ...	er hörte, daß...
sinima, sinimahāt	Kino
sinn, sinān = isnān	Zahn; Lebensalter
kibīr fi‿ssinn	alt
sinna	Zahn (klein); ein wenig
sir'a	Diebstahl
siriḥ	lang und gerade (Gurken, Auberginen)
sirīr, sarāyir	Bett
sitāṛa, satāyir	Vorhang
sitt,-āt	Frau, Großmutter
sitt-alāf	sechstausend
sitta	sechs
sittīn	sechzig
siṭṭāšar	sechzehn
siyadtak, -ik	Sie (Anrede)
siyāsa	Politik
siyāḥa	Tourismus
siyāḥi	touristisch
siεr, asεāṛ	Preis
sīb	laß! laß ab!
sibni‿f-ḥāli	laß mich in Ruhe!
sībak, -ik, -kum min w	laß den..... !
sīma, siyam	Kino
Sīna	Sinai
sīra	Geschichte, Bericht
su''āṭa	Verriegelungs-knopf (Auto)
su'āl, as'ila	Frage
subεumiyya	siebenhundert
issudān	Sudan
sudāni	sudanesisch; Sudanese
fūl sudāni	Erdnüsse
sufṛa	Eßtisch
sufṛagi, -yya	Kellner, Bedienung,
suhūla	Leichtigkeit
sukkaṛ	Zucker
sulṭān	Sultan
sumk	Dicke (*samīk*)
surya	Syrien
surūr	Freude
bi-kulli surūr	mit größter Freude
surεa	Geschwindig-keit
bi-surεa	schnell
suttumiyya	sechshundert
suwisra	Schweiz
suwisri	schweizerisch, Schweizer
suxn	heiß
sū' ittafāhum	Mißverständnis
sū', iswā'	Markt
sūri	syrisch; Syrer

ṣ

ṣabāḥ	Morgen
ṣabāḥ ilxēr	Guten Morgen!
ṣabbūra	Tafel (Schule)
ṣabi, ṣubyān	Lehrling, Laufbursche
ṣabr	Geduld
ṣabūna, ṣabūn c.	ein Stück Seife
ṣaffa, yiṣaffi ḫ	seihen
ṣafīḥa, ṣafāyiḥ	Blechkanister
ṣafīḥt izzibāla	Mülleimer
ṣalaṭa, -āt	Salat
ṣallaḥ ḫ	reparieren
ṣalōn, -āt	Empfangsraum
ṣalṣa	Soße
ṣalīb	Kreuz
ṣalība	Kreuzschlüssel
ṣandaṛa	Abstellraum
ṣanf, aṣnāf	Art, Sorte
ṣaniyya, ṣawāni	Schüssel; Rondell
ṣanṭa, ṣanṭ c.	Akazie
ṣaraf, yiṣrif ḫ	ausgeben (Geld)
ṣawwaṛ ḫ	fotografieren
ṣawṛa	Revolution
ṣaxr, ṣuxūṛ	Felsen
ṣayyif	den Sommer verbringen
ṣaʾb	schwierig, schwer
iṣṣaʾīd = iṣṣiʾīd	Oberägypten
ṣaʾīdi = ṣiʾīdi	Oberägypter
ṣaḥāfa	Presse
ṣaḥba, -āt	Freundin; Besitzerin
ṣaḥīḥ	richtig, wirklich, tatsächlich, wahr
ṣaḥīḥ inn ... ?	ist es wahr, daß...
ṣaḥṛa	Wüste
ṣaḥḥ	stimmt!, richtig
ṣābiḥ	frisch (Gemüse)
ṣāg	Blech
ṣāla, -āt	Saal, Wohnzimmer
ṣāḥi	wach; lebend (Tier);
ṣāḥib, iṣḥāb = ṣiḥāb	Freund; Eigentümer
ṣēf	Sommer
ṣifr	Null
ṣināʾa	Industrie
ṣināʾi	künstlich, industriell
ṣiḥi, yiṣḥa	aufwachen
ṣiḥḥa	Gesundheit
ṣīni	chinesisch, Porzellan
iṣṣīn	China
ṣōbar	Superbenzin
ṣōt, aṣwāt	Stimme
ṣubāʾ, ṣawābiʾ	Finger
ṣubḥ	Morgen
iṣṣubḥ	am Morgen, morgens
ṣudāʾ	Kopfweh
ṣufra	Eßtisch
ṣuġayyaṛ	klein
ṣulb	Stahl
ṣurṣāṛ, ṣaraṣīr	Kakerlake
ṣuʾūba, -āt	Schwierigkeit
ṣuḥufi, -yīn	Journalist
ṣūf	Wolle
ṣūra, ṣuwar	Bild, Foto

š

ša''a, šu'a'	Wohnung, Appartement
ša'i, aš'iyya	frech
šabat	Dill
šabbūra	Nebel
šadūf, šawadīf	Schöpfbaum
šafaṭ, yišfuṭ	schlürfen, aufsaugen
šagara, šagaṛ c.	Baum
šaġat	schwabbeliges Fleisch mit Sehnen durchzogen
šaġġāla, -āt	Hausangestellte
šahṛ, šuhūr	Monat
šakkil ḫ	formen, bilden
šakl, iškāl	Form, Gestalt, Art
šakmān	Auspuff
šakwa, šakāwi	Klage
šakūš, šawakīš	Hammer
šamaṛ	Fenchel (Gewürz)
šamāl	Norden
šambaṛ, šanābir	Schlauch (Autoreifen)
šamm, yišimm ḫ	riechen
šammāʾa, -āt	Kleiderbügel
šams f.	Sonne
šamsiyya, šamāsi	Sonnenschirm
šantiyī	Schlagsahne
šanṭa, šunaṭ	Koffer, Tasche; Kofferraum
šar'	Osten
šar'ān	überflutet

ilɛaṛabiyya šar'āna	der Motor ist abgesoffen
šar'i	östlich
šarṭ, šurūṭ	Bedingung
šarḥ	Erklärung
šarīḥa, šaṛāyiḥ	Scheibe (Wurst, Fleisch etc.)
šaṛṛaf w	beehren
šatam, yištim w	beschimpfen
šaṭāra	Klugheit
šawa, yišwi ḥ	grillen
šawīš, šawišiyya	Polizist niederen Ranges
šaxṣ, ašxāṣ	Person
šayyil ḥ	tragen
šaɛbi	volkstümlich
šaɛr c., *šaɛra*	Haar
šaḥḥam ḥ	schmieren (Auto)
šāf, yišūf ḥ	sehen
šāf inn ...	er sah, daß
šāhid, šuhūd	Zeuge
šāl, -āt	Schal
šāl, yišīl ḥ	tragen; wegtragen
yišīl iṣṣufra	abräumen (Tisch)
šāmil	umfassend
šāriɛ, šawāriɛ	Straße
šāṭi, šawāṭi	Strand
šāṭir, šuṭṭār	klug
šāwir w	jem. zu Rate ziehen; konsultieren
šāy	Tee
šē, ašyā	Ding, Sache
šēx, šuyūx = mašāyix	Scheich
šibbāk, šababīk	Fenster
šibiɛ, yišbaɛ + Inf	satt werden; genug haben
šibšib	Slipper, Sandale
šihāda, -āt	Zeugnis
šimāl	links
širib, yišṛab ḥ	trinken
širka, šarikāt	Firma
šita	Winter
šiṭān, šayaṭīn	Teufel
šiyāṭ	Versengen, Anbrennen
šiɛriyya	Fadennudeln
šiɛīr	Gerste
šīk	chic
šīša, -āt	Wasserpfeife
šōka, šiwak	Gabel
šuġl, ašġāl	Arbeit
šukr	Dank
šukṛan	danke!
iššukrᵘ li‿llāh	keine Ursache (Antwort auf *šukṛan*)
šukulāṭa	Schokolade
šurb	Trinken
šurba	Suppe
šurṭa	Polizei
šuwayya	ein wenig
šuṛāb, -āt	Socken
šūša	oberste Haarlocke

t

ta'liyya	Soßenfonds (*samna*, Zwiebeln, Knoblauch)
ta'mīn	Versicherung
ta'rīban	ungefähr
ta'xīr	Verspätung
ta'šīra, -āt	Visum
tabādul	Austausch
tafrīɛa	Abzweigung
tagdīd	Verlängerung, Erneuerung
taġyīr, -āt	Veränderung
taks, taksihāt = tukúsa	Taxi
talāta	drei
talāta mitr	drei Meter
talat t-alāf	dreitausend
talaṭṭāšar	dreizehn
talatīn	dreißig
talg	Eis, Schnee
tallāga, -āt	Kühlschrank
tamanya	acht
tamanṭāšar	achtzehn
tamanīn	achtzig
taman t-alāf	achttausend
tamām	gut, perfekt, vollständig, prima
tamām!	prima! in Ordnung!
tamām kida!	gut so! genug!
tamām kida?	stimmt es so?
tamwīn	Versorgung (Lebensmittel)
tank	Tank
tanḍīf ɛala‿nnāšif	Reinigung (chem.)
tanẓīm	Organisation
tanẓīm il'usṛa	Familienplanung
taqaddum	Fortschritt
taqalluṣāt	Krämpfe
taqalīd	Traditionen
taqāṭuɛ	Kreuzung
taqlīdi	traditionell

tarabēẓa, -āt	Tisch
tarīx	Geschichte, Historie; Datum
tarīx ilmilād	Geburtsdatum
tarīx innaharda	das Datum von heute
tarīxi	historisch
tarxīṣ fi‿lɛamal	Arbeits-erlaubnis
tarzi	Schneider
tarḥīb bi w	Bewillkomm-nung von jem.
tasrīḥa	Frisur
taṣrīḥ	Passierschein
taṣlīḥ, -āt	Reparatur
tašḥīm	Schmieren
taṭawwur	Entwicklung
taṭɛīm	Impfung
tawābil	Gewürze
tawṣīla,-āt	Verlängerungs-schnur
taxāna	Dicke (Person)
taxdīɛa	Soße (Zwiebel, Tomaten)
tayyēr, -āt	Kostüm
taẓāhar, yataẓāhar	demonstrieren
tazkaṛa, tazākir	Eintrittskarte; Fahrkarte
taɛab	Müdigkeit, Anstrengung, Mühsal
taɛabak ṛāḥa!	gern geschehen!
taɛab, yitɛib w	müde machen
ma-titɛibšī nafsak!	mach dir nicht die Mühe!
taɛāla, taɛāli, taɛālu!	komm!
taɛbān	müde
taɛlab, taɛālib	Fuchs
taɛlīm	Unterricht
taɛšī'a	Kupplung
taḥdīd innasl	Geburten-beschränkung
taḥiyya	Begrüßung
taḥrīr	Befreiung
taḥt	unter, unten
taḥtī 'amṛak	zu Befehl! zu Diensten!
taḥwīla	Umleitung
tāh, yitūh	s. verirren
tāni	wieder, nochmal
ti'īl	schwer
šāy ti'īl	starker Tee
tigāṛa	Handel
tilim	stumpf
tilitwāṛ	Gehsteig
tilmīz, talamza	Schüler
tirɛa, tiraɛ	Kanal (Bewässerung)
tirḥāb	Bewillkomm-nung
tistāhil!	das geschieht dir recht!
tistir, tasātir	Prüflämpchen
tisɛa	neun
tisaɛ t-alāf	neuntausend
tisaɛṭāšar	neunzehn
tisɛīn	neunzig
tiṣbaḥ ɛala xēr	wach gut wieder auf am Morgen! [Gute Nacht!]
tixīn, tuxān	dick, dickflüssig
tiɛbān, taɛabīn	Schlange
tiɛib, yitɛab	müde werden
tīn	Feigen
tōm	Knoblauch
tu'b, tu'ūb	Loch
tultumiyya	dreihundert
tumnumiyya	achthundert
tuṛāb	Staub
tusɛumiyya	neunhundert

ṭ

ṭa'iyya, ṭawā'i	Kappe
ṭa'ṭū'a, ṭa'aṭī'	Aschenbecher
ṭab	gut, o.k. (Abk. von *ṭayyib*)
ṭaba', iṭbā'	Teller
ṭaba'a, -āt	Schicht
ṭabax, yuṭbux ḥ	kochen
ṭabašīra, ṭabašīr	Kreide
ṭabbāx, -īn	Koch
ṭabxa	Gericht, Mahlzeit
ṭabɛan	natürlich (Adv.)
ṭabīb, aṭibbā'	Arzt
ṭabīx	Gericht, Kochen
ṭabīɛa	Natur
ṭabīɛi	natürlich (Adj.)
ṭafa, yiṭfī ḥ	löschen (Feuer, Licht)
ṭaffa, yiṭaffī	löschen
ṭaffāya, -āt	Aschenbecher
ṭalab, -āt	Bestellung, Forderung
ṭalab, yuṭlub ḥ	bestellen, fordern, verlangen
ṭalayna	Italiener pl.

ṭallaɛ ḥ	herausholen, herausbringen
ṭalyāni, ṭalayna	italienisch, Italiener
ṭamaṭmāya, ṭamāṭim f. c.	Tomate
ṭarabēẓa, -āt	Tisch
ṭarāwa	Kühle
ṭarbūš, ṭarabīš	Fez
ṭari, ṭurāy	weich, feucht, kühl
ṭarī', ṭuru'	Weg
ṭašš, yiṭušš ḥ	ablöschen (Küche)
ṭawāli	immerzu, geradeaus
ṭawīl, ṭuwāl	lang; groß
ṭawwil ḥ	verlängern
ṭawwil bālak!	nur Geduld!
ṭayb	gut, o.k. (Abk. von *ṭayyib*)
ṭayyāra, -āt	Flugzeug
ṭayyib	gut, o.k.
ṭaɛm	Geschmack
ṭaḥīna	Sesampaste
ṭābiɛ barīd, ṭawābiɛ barīd	Briefmarke
ṭāgin, ṭawāgin	Napf, irdene Schüssel
ṭālib, ṭalaba	Student
ṭālíba = ṭalíba, -āt	Studentin
ṭār, yiṭīr	fliegen
ṭāsa, -āt	Bratpfanne; Radkappe; Stahlhelm
ṭāẓa	frisch
ṭēr, ṭuyūr	Vogel
ṭifl, aṭfāl	Kind
ṭiliɛ, yiṭlaɛ ḥ	hinausgehen, hinaufgehen, -steigen, ergeben; werden
ṭiwīl, ṭuwāl	lang
ṭiɛim	schmackhaft
ṭīẓ, aṭyāẓ	Hintern
ṭurmāy	Straßenbahn
ṭurumba, -āt	Pumpe; Zapfsäule (Tankstelle)
ṭurṭa	Torte
ṭurš	Taschenlampe
ṭurši	Mixed Pickles
ṭūl	Länge
ṭūl ilyōm	den ganzen Tag

u

umbūba, anabīb	Gasflasche
umm, ummahāt	Mutter
uṃṃāl	denn, natürlich!
usbūɛ, asabīɛ	Woche
ustāẓ, asadza	Herr, Professor
utubīs, -āt	Bus
uxt, ixwāt	Schwester

v

veranda, -āt	Veranda
villa, vilal = villāt	Villa
vitillu	Kalbfleisch
vitēs	Gang (Auto)
vīza, vizahāt	Visum

w

wa'ār	ein Seefisch
wa'illa	sonst
wa't	Zeit
wa'taha	damals
wa''af ḥ	anhalten
wad	= *walad*
waḍḍab ḥ	ordentlich herrichten, aufräumen; packen (Koffer)
wagaɛ, awgāɛ	Schmerz
wagaɛ, yiwgaɛ w	weh tun, schmerzen
wakkil w ḥ	essen geben
wala	gar kein, auch nicht
wala wāḥid	kein einziger
wala ḥāga	nichts
walad, awlād = wilād	Junge; Sohn
walla	oder
wallaɛ ḥ	anzünden
wallāɛa, -āt	Feuerzeug
waḷḷa	bei Gott!
waḷḷāhi	bei Gott!
wara' c.	Papier
wara'a, -āt	Blatt Papier
warda, ward c.	Blume, Rose
wardi	rosenrot
wardiyya	Schicht (Arbeit)
warra, yiwarri w ḥ	zeigen

waṛa	hinten, hinter, rückwärts
waṛāk 'ē?	was hast du zu tun?
waṛāya mišwāṛ	ich habe etwas zu erledigen
waṛṛāni	hinter-
wasāxa	Schmutz
wassaɛ ḥ	weiter machen, Platz machen
waṣal, yiwṣal	ankommen
waṣl, -āt	Quittung
waṣṣal ḥ	hinbringen, hinbegleiten
waṭṭa, yiwaṭṭi ḥ	niedriger, leiser machen; kleiner machen (Flamme)
wazan, yiwzin ḥ	etw. wiegen
wazn	Gewicht
wazīr ittaɛlīm	Unterrichtsminister
wazīr, wuzaṛā'	Minister
waḥaš, yiwḥaš w	jem. fehlen
waḥaština!	wir haben dich vermißt!
waḥša: lik waḥša	du hast uns gefehlt!
wādi, widyān	Tal
wādi‿nnīl	Niltal
wāḍiḥ	klar, deutlich
wāḍiḥ inn ...	es ist klar, daß...
wāgib, -āt ɛala w	Hausaufgabe, Pflicht
wāsiɛ	weit, breit
wāṭi	niedrig
wāxid ɛala ḥ	gewöhnt an
wāḥa, -āt	Oase
wāḥid	eins, einer
wi	und, plus
wi mālu?	was ist schon dabei?
wi'if, yu'af	stehen, stehen bleiben
widn, widān	Ohr
ilwilayāt ilmuttaḥida	die Vereinigten Staaten
wisix	schmutzig
wišš, wušūš	Gesicht, Oberfläche
wizāṛa, -āt	Ministerium
wizza, wizz c.	Gans
wiḥiš	schlecht, häßlich, schlimm

x

xabar, axbāṛ	Nachricht
xabbaṭ ɛa‿lbāb	anklopfen
xabīr, xubaṛa	Experte
xabṭa	Delle
xad, yāxud ḥ	nehmen
xadd, xudūd	Wange
xaḍār	Grün
xaff, yixiff	gesund werden, leichter werden
xafīf, xufāf	leicht, dünn (z.B. Tee)
xaglān	schüchtern
xalaɛ, yixlaɛ ḥ	ausziehen, ziehen (Zahn)
xalāṣ	zu Ende; ausverkauft; nicht mehr da, fertig; Schluß!
xall	Essig
xalla, yixalli ḥ	lassen; veranlassen
yixalli bālu	aufpassen
xalli bālak, -ik, -ku	paß(t) auf!
xallaṣ ḥ	beenden, fertig machen
xallāṭ, -āt	Mixer
xallif	Kinder kriegen
xallil ḥ	einlegen (in Essig)
xallīk... -ki...	sei.....!
xallīk ṛāgil	sei ein Mann!
xamsa	fünf
xamasṭāšar	fünfzehn
xamsīn	fünfzig
xamas t-alāf	fünftausend
xanzīr	Schwein, -efleisch
xarīf	Herbst
xarraṭ ḥ	kleinhacken, kleinschneiden
xarrāṭa	Wiegemesser
xaršūfa, xaršūf c.	Artischocke
xarṭ	Kleinhacken
xarṭūm	Schlauch
xaṛag, yuxrug	hinausgehen
xaṛūf, xirfān	Hammel
xasṛān	kaputt
xaṣṣāya, xaṣṣ c.	Salat
xašab	Holz
xašš, yixušš	eintreten
xaṭab, yuxṭub w	anhalten um jemands Hand
xāf, yixāf min	s. fürchten, Angst haben vor
xāl, ixwāl	Onkel (mütterlich)
xāla, -āt	Tante

	(mütterlich)
xāliṣ	sehr, ganz
kuwayyis xāliṣ	ganz prima
xārig	Ausland
xāyif	ängstlich, furchtsam
xāyif inn ...	er fürchtet, daß...
xēba	Unglück, Katastrophe
xēr	gut; das Gute
xidma, xadamāt	Dienst
xilāl	während
xinā'a	Streit
xisir, yixsaṛ	kaputt gehen
xišin	rauh, grob
xiyāṛa, xiyāṛ c.	Gurke
xōf	Furcht, Angst
xōxa, xōx c.	Pfirsich
xuḍari, -yya	Gemüsehändler
xuḍāṛ	Gemüse
xuluṣ, yixlaṣ	zu Ende gehen
xumsumiyya	fünfhundert
xurm, xurūm	Loch
xuššī‿ymīn!	fahr rechts rein!

y

ya rayyis	(im Restaurant) Kellner! Ober!
ya'imma... ya'imma	entweder.... oder
ya-táṛa	Fragepartikel
ya-táṛa Ḥasan mawgūd?	"Ist Ḥasanvielleicht da?"
ya-xsāṛa!	schade!
ya... ya....	entweder.. oder..
yadd	Hand
yafandim	mein Herr, meine Dame
yaḷḷa!	aufgeht's!
yarēt!	ach wenn doch...! wenn doch nur...!
yaɛni	das heißt; einigermaßen, nicht besonders
yib'u	ergibt, ist gleich (beim Rechnen)
yimkin	vielleicht
yimīn	rechts
yisāwi	entspricht, ist gleich (beim Rechnen)
yiẓhaṛ	es scheint, daß...
yōm, iyyām	Tag
yomha	damals
ilyomēn dōl	in diesen Tagen; zur Zeit; heutzutage
ilyunān	Griechenland
yunāni	griechisch; Grieche

z

za'', yizu'' ḥ	anschieben
zabādi	Joghurt
zabbāl, -īn	Müllmann
zakā'	Intelligenz
zaki, azkiyya	intelligent
zamān	Zeit; früher
zamb	Schuld
zambak ɛala gambak	selber schuld!
zambūṛ	Hornisse, Hummel
zatūna, zatūn c.	Olive
zatūni	olivgrün
zawwid ḥ	hinzufügen, vermehren
zayy	wie
zayy illi	als ob
zayyi ma‿ykūn	als ob
zaɛlān min	wütend auf
zaɛlān ɛala	traurig über
zaɛɛa'	schreien
zaḥma	Gedränge
zā'id	plus; darüber hinaus
zākir ḥ	lernen, Hausaufgaben machen
zāṛ, yizūr w	besuchen
zēt	Öl
zēt duṛa	Maisöl
zēt zatūn	Olivenöl
zetna fi-d'i'na	es bleibt in der Familie [unser Öl in unserem Mehl]
zēti	dunkelgrün
zibāla	Abfall, Müll
zibda	Butter
zibīb, zibība	Rosinen
zibūn, zabāyin	Kunde
zirāɛa	Landwirtschaft
ziyāda	mehr, zuviel; mit viel Zucker (Kaffee)

ziyāṛa	Besuch
zō', azwā'	guter Geschmack
zōr	Kehle
zukām	Schnupfen
zuṛāṛ, zarāyir	Knopf

ẓ

ẓalaṭa, ẓalaṭ c.	Kieselstein
ẓann, yiẓinn	denken, einen
ẓarf, ẓurūf = ẓurúfa	Briefumschlag
ẓābiṭ, ẓubbāṭ	Offizier
ẓurūf	Umstände

ž

žakitta, -āt	Jacke
žambōn	Schinken
žanṭ	Felge
žilāti	Eis (Speise~)

ɛ

ɛa'l	Verstand
ɛadal, yiɛdil ḅ	gerade richten (Lenkrad)
ɛadasa, -āt	Linse (optisch)
ɛadasāt	Kontaktlinsen
ɛadda, yiɛaddi ɛala ḅ	vorbeigehen; überqueren
ɛaddād	Zähler
ɛads	Linsen (Hülsenfrucht)
ɛaduww, aɛdā	Feind
ɛaḍala, -āt	Muskel
ɛaḍma, ɛiḍām	Knochen
ɛafwan	keine Ursache!
= *ilɛafw*	bitte schön! (Antwort auf Dank, Lob)
ɛafya	Gesundheit, Kraft
bi‿lɛafya	mit Gewalt; mit Müh und Not
ɛagab, yiɛgib w	gefallen, jem.
ɛagabni inn ...	es gefiel mir,
ɛagala, -āt	Fahrrad, Rad; Eile
ɛagīb	erstaunlich
ɛagība!	seltsam!
ɛagīn	Teig
ɛala	auf, über, zu ungunsten, in Richtung
ɛala fikṛa	übrigens
ɛala kēfak	wie du willst!
ɛala ma	bis daß
ɛala mahlak	langsam! nichts übereilen! immer mit der Ruhe!
ɛala ṭūl	sofort, gleich, geradeaus
ɛa‿l'āxir	bis zum Äußersten
ɛa‿rrīḥa	mit wenig Zucker (Kaffee)
ɛalašān	für, weil, damit
ɛalaḷḷa	hoffentlich
ɛalla, yiɛalli ḅ	höher, lauter machen (Stimme, Flamme)
ɛallim w ḅ	lehren
ɛamal, yiɛmil ḅ	machen, tun
ɛamm, iɛmām	Onkel (väterlich)
ɛamma, -āt	Tante (väterlich)
ɛamīd	Dekan (Univ.)
ɛan	aus, weg von, über (Thema)
ɛand	bei, "haben"
ɛandak!	halt! (Taxi)
ɛarbagi, -yya	Kutscher
ɛarḍ	Breite
ɛarīs, ɛirsān	Bräutigam
ɛaṛa'	Schweiß
ɛaṛa', yiɛṛa'	schwitzen
ɛaṛab	Araber
ɛaṛabi, ɛaṛab	Araber
ɛaṛabiyya, -āt	Auto
ɛaṛabiyya kaṛṛu	Eselwagen
ilɛaṛabiyya bitsa''af	der Motor klingelt
ɛaṛ'ān	verschwitzt
ɛaṛbūn	Vorschuß
ɛaṛīs, ɛaṛāyis	Bräutigam
ɛaṛūsa	Braut, Puppe
ɛasal	Honig, Zuckermelasse
ɛasali	dunkelbraun (Augen)
ɛaskari	militärisch
ɛaskari, ɛasākir	Soldat
ɛaskari murūr	Verkehrspolizist
ɛaṣabi	nervös
ɛaṣfūṛa, ɛaṣafīr	Vogel (klein)

ɛaṣīr	Saft
ɛaṣīr lamūn	Limonensaft
ɛaṣīr manga	Mangosaft
ɛaṣṣāra	Saftpresse
ɛaša	Abendessen
ɛašara	zehn
ɛašān	für, wegen, um zu, weil
ɛašān kida	deswegen
ɛašān xāṭir	weil, um... zuliebe, für.... speziell
ɛašša'	einkuppeln
ɛataba	Schwelle
ɛaṭaš	Durst
ɛaṭlān	außer Betrieb
ɛaṭšān	durstig
ɛawda	Rückfahrt
ɛawwar w	verletzen, verwunden
ɛawwām	ein guter Schwimmer
ɛayyān	krank
ɛayyil, ɛiyāl	Kind
ɛazam, yiɛzim w	einladen
ɛā'ila, -āt	Familie
ɛāda	Normalbenzin
ɛāda, -āt	Gewohnheit, Sitte, Brauch
ɛādi	gewöhnlich
ɛāg	Elfenbein
ɛākis w	belästigen
ɛālam	Welt
ɛāli	hoch
ɛāmil, ɛummāl	Arbeiter
ɛān, yiɛīn ḥ	wegnehmen
ɛārif inn ...	er weiß, daß...
ɛāš, yiɛīš	leben
ɛāwiz: ana ɛāwiz	ich möchte.... ich will....
ɛāyiz	= *ɛāwiz*
ɛāzib, ɛuzzāb	Junggeselle
ɛēla, -āt	Familie
ɛēn, ɛenēn	Auge; Quelle
ɛēš	Brot
ɛēš baladi	Fladenbrot
ɛēš šāmi	weißes ~
ɛigl, ɛigūl	Kalb
ɛilāg	Behandlung (med.)
ɛilba, ɛilab	Schachtel, Dose
ɛimāra,-āt	Hochhaus
ɛimma, ɛimam	Turban
ɛinab	Weintrauben
ɛir', ɛirū'	Wurzel, Stiel, Vene
ɛirif, yiɛraf ḥ	kennen, erkennen, wissen
ɛirif inn ...	er erfuhr, daß...
ɛirwa, ɛarāwi	Knopfloch
ɛiši', yiɛša' w	lieben
ɛišrīn	zwanzig
ɛit'iyya, ɛatā'i	Huhn (älter)
ɛitta, ɛitt c.	Motte
ɛizba, ɛizab	Landgut, Bauernhof (groß), Farm
ɛizz	Pracht, Macht
ɛīd, aɛyād	Fest
ɛīd ilmilād	Geburtstagsfest
ɛu'bāl	zukünftig
ɛu'bālak	auf deine Zukunft (bei Hochzeiten zu den Gästen)
ɛumr	Leben, Lebensalter
ɛumr-	jemals; (mit Neg.) niemals
ɛumri ma šuftu	noch niemals habe ich ihn gesehen
ɛumūmi	Haupt...
ɛuzūma	Einladung
ɛūd kabrīt	Streichholz

ḥ

ḥa'ī'a	Wahrheit
ilḥa'ī'a	eigentlich; in der Tat
ḥa'', ḥu'ū'	Recht; Wahrheit
ḥabb, yiḥibb w, ḥ	lieben
ḥabb, yiḥibb + Imperf.	gerne tun
ḥabbāya, -āt	Körnchen
ḥabbahān	Kardamom
ḥabīb	Liebling
ḥadd	jemand; niemand
ḥadd	scharf (Messer)
ḥaddid ḥ	begrenzen, einschränken
ḥadsa, ḥawādis	Unfall
ḥadīd	Eisen
ḥadīs	modern
ḥaḍaratkum	Sie pl.
ḥaḍritak, ḥaḍritik f.	Sie
ḥaḍḍar ḥ	vorbereiten
ḥafla, ḥafalāt	Party
ḥagaz, yiḥgiz ḥ	reservieren
ḥagar, ḥigāra	Stein; Batterie (Lampe)
ḥagg, yiḥigg	Pilgerfahrt

	machen
ḫagg, ḫuggāg	Mekkapilger, Anrede
ḫagga, -āt	Pilgerin
ḫagz	Reservierung
ḫaka, yiḫki ḫ	erzählen
ḫakam, yiḫkim ʿala w	verurteilen
ḫall, yiḫill ḫ	lösen
ḫalla, ḫilal	Kochtopf
ḫamāma, ḫamām c.	Taube
ḫamdilla ʿa‿ssalāma	gottlob sind wir ~ seid ihr gesund zurück!
ilḫamdu li‿llāh	gottlob; Gott sei Dank!
ḫammaṛ ḫ	braten
ḫammām, -āt	Badezimmer, Toilette
ḫanafiyya, -āt	Wasserhahn
ḫanān	Zärtlichkeit
ḫanṭūr, ḫanaṭīr	Kutsche
ḫaraʾ, yiḫraʾ	brennen
ḫarb, ḫurūb	Krieg
ḫarīʾa	Brand
ḫarīmi	Damen-
ḫarīr	Seide
ḫaṛaka,-āt	Bewegung
ḫaṛām	sündhaft; unerlaubt
ḫaṛāmi, -yya	Dieb
ḫaṛāṛa	Hitze, Fieber
ḫaṛṛ	heiß; scharf (Essen)
ḫaṛṛar	heiß werden
iddinya ḫaṛṛarit	es ist heiß geworden (Wetter)
ḫaṛṛāʾ	scharf (Essen)
ḫatta	bis; sogar
ḫaṣal, yiḫṣal	geschehen, passieren
ḫaša, yiḫši ḫ	stopfen (voll), füllen (Küche, Zahn)
ḫašīš	Gras; Haschisch
ḫašw	Füllung
ḫatta	bis; sogar
ḫaṭṭ, yiḫuṭṭ ḫ	setzen, legen, stellen
yiḫuṭṭ iṣṣufra	decken (Tisch)

ḫawalēn	um .... herum
ḫawwid	einbiegen, abzweigen
ḫayawān, -āt	Tier
ḫayy	lebend
ḫayy, aḫyāʾ	Stadtviertel
ḫayya, -āt	Viper
ḫaẓẓ	Glück (Chance)
ḫāḍir	zu Befehl!
ḫāga, -āt	Ding, Sache; etwas, nichts
ḫāgib, ḫawāgib	Augenbraue
ḫāl, aḫwāl	Lage, Zustand
ḫāla, -āt	Fall
fi‿lḫāla di	in diesem Fall
ḫālan	sofort
ḫāmi	heiß
ḫāmiḍ	sauer
ḫāṛa, -āt = ḫawāṛi	Gasse; Fahrstreifen
ḫāsib! ḫasbi!	paß auf!
ḫāwil ḫ	probieren, versuchen
ḫēṭa, ḫiṭān	Wand
ḫibr	Tinte
ḫiddāya, -āt	Gabelweihe
ḫidāšar	elf
ḫigāb, iḫgiba	Amulett
ḫikaya, -āt	Geschichte, Erzählung; Angelegenheit
ḫilim, yiḫlam bi ḫ	träumen
ḫilm, aḫlām	Traum
ḫilw	süß, hübsch, schön
ilḫilw	der Nachtisch
Ḫilwān	Heluan
ḫisāb, -āt	Rechnung
ḫitta, ḫitat	Stück
ḫizb, aḫzāb	Partei
ḫizma, ḫizam	Bündel
ḫōḍ, iḫwāḍ	Waschbecken
ḫuʾna, ḫuʾan	Spritze (med.)
ḫubb	Liebe
ḫudūd	Grenze
fi-ḫdūd	höchstens
ḫukūma, -āt	Regierung
ḫukūmi	regierungs...
ḫumāṛ, ḫimīr	Esel
ḫuṣān, iḫṣina = ḫiṣína	Pferd

CORRIGENDA

Seite:	**falsch**	**Korrekturen und Verbesserungen**
XVII,-14	Gotte	Gott
XVIII,-1	Kollektivnomen	Gattungs- und Materialbezeichnung
3,4	vernachässigt	vernachlässigt
5,2	gebaucht	gebraucht
9,11	*yaɛni‿inti*	*yaɛni‿nti*
10b,-12	gur	gut
15,-6	*waṛaya*	*waṛāya*
17,-4	*giddak*	dafür: *giddukum*
18,2	*giddukum fi-Lu'ṣur*	dafür: *giddukum da*?
19,-1	*mudarris*	besser: *muhandis*
23,7	*izayyī*	*izzayyī*
23,17	*ta^{c}bāna*	*taɛbāna*
23,-7	*ta^{c}bān*	*taɛbān*
23,-4	*ta^{c}bān*	*taɛbān*
24b,-5	es wird	oder: du wirst
27,2	wie	die
30,-11	*axu*______	*axūha*___
31,8	*xāliṣ*	*da*
34a,-18	*balad,*	*balad* f.,
38b,8	*dāṛ ikkutub*	besser: *dāṛ ilkutub*
39,-10	*izayy*_____	*izzayy-ak*
39,-10	*izayy*___ *ya Maḫmūd*?	*izzayyak*___ *ya Maḫmūd*?
39,-4	*ya awlād*?	*fēn ya awlād*?
41,2	*miš Aḫmad*	*miš Aḫmad bass*
46,10	Arabischen	Arabische
46,-3	*ma^{c}āk*	*maɛāk*
47,7	genannt.	genannt werden.
48,3	*ma-ɛandikīš*	streichen!
49,4	*wāḫid kōka*	besser: *wāḫid bibsi* oder *wāḫid 'ahwa*
49,6	Kilo-meter	Kilometer
50,-12	*ma-kānšī*	*ma-kanšī*
51b,4	*makanīki*	besser: *mikanīki*
52,6	*walad*?	*waladu*? dafür besser: *ibnu*
52,9	*waladha*?	besser: *ibnaha*?
52,-6	*ɛarabiyya*	*ɛaṛabiyya*
55,8	*ṣġayyāṛ*	*ṣġayyaṛ*
58,-10	*‿lMaɛādi/*?	*‿lMaɛādi*?
62,-14	Das Ägyptisch-Arabische	Im Kairenischen
66,8	*ɛarabiyyiti*	*ɛaṛabiyyiti*
67,-2	*baɛḏ*	*baɛd*
73,-9	*Sulimān*	*Silimān*
73,7	*ittaṛabēẓa*	*iṭṭarabēẓa*

73b,-12	*taṛabēẓa*	*ṭarabēẓa*
76,-16	*tāxud+ i*	*tāxud+ u*
79,6	*(yiftaḫ*	*(yiftaḫ)*
80,7	*ittaṛabēẓa*	*iṭṭarabēẓa*
83,-5	*ɛawiz*	*ɛāwiz*
83,-1	*ɛawiz*	*ɛāwiz*
86,-1	*Aḫmad*	*Ramaḍān*
87a-17	*hāt ɛala*	*hāt ɛalayya*!
91,7	fünfte Tag	vierte Tag
91,-10	Objektsuffix	Objektssuffix
92,-7	*ḥaḍaratkum*	*ḫaḍaratkum*
93a, 10	*brāṣ*	*ibrāṣ*
93b,13	*urfuf*	besser: *rufūf*
99,1	XII.	XI.
99,-11	XIII.	XII.
99,-4	*il'urfuf*	besser: *irrufūf*
100,1	XIV.	XIII.
100,8	*il'urfuf*	besser: *irrufūf*
101,-10	*yitṣallaḥ*	*yitṣallaḫ*
104,6	*izza wṣal*	*izzāy awṣal*
107,7	heute"	heute?"
107,-5	Auf-enthaltserlaubnis	Aufenthaltserlaubnis
108,1	Beutungsunterschied	Bedeutungsunterschied
108,12	ma	man
110,-2	*'ōdit*	*'ōḍit*
111,-11	*il'Arāfa*	*il'Aṛāfa*
111,-2	*Sulimān*	*Silimān*
116,4	*fēn*	*minēn*
116,4	*fēn?*	*min fēn?*
116,-1	7.	8.
117,1	8.	9. und so fort in dieser Übung
119,1	anch	nach
120,-1	*btaɛit*	*btāɛit*
121,1	*btaɛit*	*btāɛit*
121,3	*btaɛit*	*btāɛit*
121,5	*btaɛt*	*btāɛit*
121,-6	2. *awladhum*	streiche 2. *awladhum*
123,10	2. *humma dōl awladhum*	streiche 2. *humma* ....
124,-4	*hina*	streiche ein *hina*
131,11	*ḫayitkib*	*ḫayiktib*
131,-12	*di ḫayāxud*	*da ḫayāxud*
131, -9	*māši* und *misāfir* u.a.	*māši, misāfir* u.a.
133,1	*byīgi*	*biyīgi*
135,-8	____ *fēn?*	besser: _____ *min fēn?*
137,2	*ma-timḍīš*	*ma-timḍūš*
137,6	*nišallaḫha*	*niṣallaḫha*
138,8	*btitkallim*	*bitkallim*
139,-9	*yiġayyaṛ iggilda‿ggidīda*	*yiġayyaṛ iggilda*
141,11	*ma-tdayi'š*	*ma-tiddayi'š*
142,-2	*kuwayyis,*	ersetze *kuwayyis* durch *ana,*
143,7	*awwil*	*'awwil*

146,13	Sāmi:	streiche Sāmi: und füge den Satz zum Text vorher!
148,-13	zusammengzogen	zusammengezogen
152,15	*biyikkallim nafsu*	*biykallim nafsu*
152,-1	*kul*	*kulu*
153a,11	*xalaɛ, yixlaɛ*	besser: *'alaɛ, yi'laɛ*
153b,16	*ɛitt*	*ɛitt* c.
156,-9	*ḫatigībi*	*ḫatgībi*
159,-4	*‿lfilūs*	*‿lfarš*
163,-10	*ummi*	*abu*
166,4	zusammen-gesetzt	zusammengesetzt
166,14	*aṛbaɛīn*	besser: *arbiɛīn*
166,-2	dem	streiche: dem
166,-2	*-talāf*	*t-alāf*
167,-9	1981	1989
168,-13	*xamas-t-alāf*	*xamas t-alāf*
169, 13	"wir arbeiten zwei Monate hier"	"wir arbeiten seit zwei Monaten hier"
170,-9	*fabrāyir*	*fabṛāyir*
170,-9	*mart*	*māris*
170,-8	*aġustus*	*aġusṭus*
170,-8	*uktōbir*	*uktōbaṛ*
171,5	*ɛalaykum*	besser: *ɛalēkum*
173, 3	*‿w ḫiḍāšar*	*wi‿ḫḍāšar*
173,6	9.	8. usw.
173,7	sie	Sie
178,3	*yimla‿l-'istimāṛa*	*yimla‿l'istimāṛa*
178,-3		füge hinzu: *kunna*
182,9	*Maha*	*Maha:*
182b,-12	Super	Super (Benzin)
188,3	*tišufu*	*tišūfu*
188a,-21	*ṣanṭ.*	*ṣanṭ* c.
189a,4	*tasrīḫ*	*taṣrīḫ*
189b,6	*ɛaddi*	*ɛadda*
189b,10	*yitūh*	*tāh, yitūh*
194,8	*niṣallāḫu*	*niṣallaḫu*
203,3	Perfektbasis zur Imperfektbasis	Imperfektbasis zur Perfektbasis
203,4	Perfektbasis zur Imperfektbasis	Imperfektbasis zur Perfektbasis
209,-2	*yib'a ba'a*	*yib'a, ba'a*
210,-3	*yirkạb*	*yirkab*
212,8	Wir waren es, die...	Ich war es, der...
212,-1	aussuchen	"aussuchen"
219,7,-11	*ilmakanīki*	*ilmikanīki*
220,12	*yaɛni‿nna*	*yaɛni‿nnahaṛda*
221,9	10.	9.
223,17	*baṭātis*	*baṭāṭis*
225b,-3	*mikassar*	*mikassaṛ*
226b,7	*xuḍari.*	*xuḍari,*
227,--18	*kōsāya*	*kosāya*
228,17	Zwiebeln"	Zwiebeln?"

231a,-13	*sāg*	*ṣāg*
232,4	*lōḫa -āt*	*lōḫa, -āt*
235,-6	*mafīš*	*ma-fīš*
238,8	*makanīki*	*mikanīki*
243,-6	mietet	mietete
243,-8	*fatūra*	*fatūṛa*
246a,3	*ti'ṛa*	*yi'ṛa ḫ*
247,-7	unveränderlich	unverändert
249,1	*rumād... rumādi*	*ṛumād... ṛumādi*
249,8	*bambi*	besser: *bamba*
252,14	*ḥāga*	*ḫāga*
252,6	Welt"	Welt)
254,1	*b dla*	*badla*
255,5	*šaɛr*	*šaɛṛ*
256,4	*sakkīna*	*sikkīna*
271,14	"ergreifen"	"weggenommen werden"
274,-18	*ɛaṛūs*	streiche *ɛaṛūs* !
276,5,10,11;	*da*	*di*
282,11	*yifaḍḍal š*	*yifaḍḍal ḫ*
283,5	*bi lmaṛṛa*	*bi‿lmaṛṛa*
289,-1	*ḥaẓẓ*	*ḫaẓẓ*
297,8	mit einfachen	mit einfachem
296,12	geschnittten	geschnitten
298,-12	*minnik*	*minnak*
304,11	*li‿ṣsalaṭa*	*li‿ṣṣalaṭa*
305,5	*šaɛrik*	*šaɛṛik*
311,7		streiche: 8. Ich habe ...
313b,-18	*asāri*	*'asari*
313b,-9	*yittiṣil bi ḫ*	*yittiṣil bi w*
319,7	LEKTION XII S.116	LEKTION XIII S.186
320,4	und den drittem	und dem dritten
321,12	endenen	endenden
322,19	wir	streiche: wir
322,20	Lektion X	LEKTION X S.131f.
324,12	womit man sowohl	womit man sich sowohl
329,-6	*Maḥmūd*	*Maḫmūd*
339a,-12;	*lāḫma*	*laḫma*
339b,12	*yisallim w*	*yisallim li w*
342,-5	*izzbīb*	*izzibīb*
342,-5	***ḍarb*** *ilḫabīb zayyi̊ 'akl izzibīb*	*ḍarb ilḫabīb zayyi̊* ***'akl*** *izzibīb*
343,4	KuKāk	KuTāB
343,5	KiKāKa	KiTāBa
343,6,7	KaKaKān	KaTaBān
343,-19	*istaxdam*	*istaxdim*
345,-14	ein Gleich...	eine Gleich...
346,-20f.	*tašxīru*	*šixīru*
350,9	*fi‿lFilfila*	*fi-Filfila*
363,-5	geschriebenen	geschriebene
366,16	*uktōbir*	*uktōbaṛ*
367, 8	Feminendung	Femininendung
369,-11	القوات السلحة	القوات المسلحة